A ma chère Maman,
et à ma chère petite-sœur Mag,
ces récits des [illegible], — écrits souvent en songeant à Elle, —
disant mon inaltérable tendresse
André [illegible]

LES SIX BEAUTÉS SOUS LES ARBRES

DU MÊME AUTEUR :

La Vie, poèmes, 1903.
Les Magots d'Occident, contes, 1906.
Le Harem assassiné, récits de route, 1912.
Sur les Champs de bataille, récits de guerre, 1915.
Les Compagnons de l'Aventure, 1916.
Les Allemands peints par eux-mêmes (en collaboration), 1915.
La Mâchoire carrée (en collaboration), 1917.
Notre Camarade Tommy (en collaboration), 1918.

A paraître :

A l'Enseigne du Poisson d'Argent, roman.
Sur la Terrasse du Roi Lépreux, roman.

ANDRÉ TUDESQ

LES SIX BEAUTÉS SOUS LES ARBRES

(Chronique du Japon moderne)

« Pour qui a connu, même imparfaitement, les Japonais, nul doute qu'ils ne demeurent le peuple le plus aimable à vivre. »

LAFCADIO HEARN.

PARIS
BERNARD GRASSET
ÉDITEUR
61, RUE DES SAINTS-PÈRES, 61

MCMXXIII

IL A ÉTÉ TIRÉ DE CET OUVRAGE :

DIX EXEMPLAIRES SUR PAPIER JAPON
NUMÉROTÉS DE 1 A 10 ;
ET DIX EXEMPLAIRES SUR PAPIER
VÉLIN PUR FIL LAFUMA NUMÉROTÉS
DE 11 A 20.

EN MANIÈRE DE DÉDICACE

Un après-midi de l'hiver dernier, à la veille même de faire mes adieux à Tokyo et de remonter par la grand'route mandarinale vers la cité des palais shogunaux et des temples insignes, Athènes d'Asie, Versailles nippon, vers Kyoto, la ville sainte, il me fut donné d'assister au vernissage de la rétrospective des Primitifs, qui dans un paysage classique de drame Nô, parmi les neiges et les ifs, se tenait au parc de Ueno.

Promenade dans le passé, pèlerinage de l'art le plus rare. J'avais, en outre, la bonne fortune d'accompagner en cette visite un des plus puissants poètes de ce temps, M. Paul Claudel, ambassadeur de France, et à ses côtés, l'un et l'autre drapés dans le kimono à cinq blasons, M. Matsou-Oka, corps et âme de samouraï, le Japonais le plus parisien qui se puisse trouver dans tout l'Empire, et le subtil lettré Charles Laurent, aujourd'hui consul général du Japon à Paris, qui est bien, je l'affirme, le Français le plus sensible et le mieux adapté aux us et mœurs secrètes du Yamato. Une Excellence de très haut rang, seigneur aux modes d'autrefois, et éminence grise des Affaires étrangères, le baron Ijuin, gouverneur du Shantoung, daignait servir de guide à notre caravane.

Comme nous abordions la troisième salle, un même éblouissement nous fit brusquement stopper.

Sur la paroi tendue de pâle soie ancienne, unique et somptueux, encadré d'or comme une châsse, un extraordinaire paravent déployait en ligne brisée ses six panneaux écarlates, pareils au crucifiement d'une énorme chauve-souris rouge.

Le sujet était toute grâce, et d'un charme si vieux Japon ! Dans la bondissante lumière d'un jardin de printemps, sous l'entrelacs des branches stylisées, parmi les fleurs, les rocs, les palmes et les paons, six geishas souriantes en robe de parade, — une par feuille, — jouaient, ballaient, ondulaient, s'ébrouaient, émouvante réplique par delà les terres et les temps du chœur des Muses au Bois sacré !

Fort cérémonieusement, de la même voix qu'il eut prise pour une présentation à la Cour, le baron Ijuin annonca : « Les six Beautés sous les arbres !... » Et d'ajouter aussitôt : « C'est là, Messieurs, leur nom d'état civil... » Puis, désignant les deux gardiens détachés au chef-d'œuvre, il précisa :

« Vous le voyez, on les honore et on les garde comme s'il s'agissait de princesses vivantes... Peu ou prou, tout l'Empire est amoureux des six Belles du paravent... Leur jeunesse survit à seize siècles : leur beauté légendaire suscita des écoles, inspira une

*littérature... Elles sont six, les Jocondes au sourire d'Asie... Caractéristiques de notre race, incarnant nos goûts et nos rêves, pour mesurer leur influence et les situer à leur rang, il faut se reporter par exemple au rôle qu'au point de vue mœurs, modes, esprit, joua et joue encore en France telle toile fameuse, comme l'*Embarquement pour Cythère... »

Force commentaires suivirent, où chacun dans la compagnie visa à quelque glose docte ou ingénieuse. Comme pour une charade dont il fallait deviner le mot, piqués au jeu, s'exerça entre nous un tournoi de perspicacité aux fins de découvrir en chaque Belle le symbole qu'elle exprimait.

*Ce fut, je me souviens, le dramaturge de l'*Otage, *le visionnaire de la* Connaissance de l'Est, *M. Paul Claudel, — mais peut-être avait-il potassé par avance les grands thèmes de cette visite, — qui de haute-main l'emporta. Il énonça comme vertus essentiellement nippones correspondant aux six beau-*

tés : courtoisie, grâce, bravoure, amour du beau, discipline du corps et de l'âme, ignorance du péché physique. Puis conclut : « Les six Beautés sous les arbres... *belle enseigne pour un paravent, mais pour un livre sur le Japon, quel titre judicieux !...* »

J'ai noté le conseil. Ce titre nonchalant, qu'on croirait plutôt fait pour couronner un florilège que des récits de grand chemin, est né de cet après-midi hivernal au parc de Ueno.

Si j'en ai conté l'histoire, c'est qu'elle permettait de nommer avec reconnaissance quelques hommes qui, au pays du Soleil-Levant, furent mes initiateurs.

A. T.

LES SIX BEAUTÉS
SOUS LES ARBRES

KEEPSAKE DE TOKIO ASSIS SUR LES MARAIS

Tel un keepsake 1830 dont il verrait s'animer les planches à paysages, c'est par l'enchantement romantique de la Mer Intérieure que le voyageur d'Occident prend contact avec le Japon.

Fjords s'égrenant comme des chapelets, promontoires en pinces de crabes, lacs aux bleues profondeurs, golfes ourlés de sable, et par centaines et par milliers, dentelant les quatre horizons, doublés par le calme miroir, taillés en citadelles, accroupis en dragons, cônes de basalte que couronne une pagode ou le panache d'un bosquet de pins, récifs volcaniques dont les torrents à la saison des pluies ont raviné la coulée des laves, rocs en arrêt aux flancs desquels s'étagent comme en quelque royaume lilliputien les terrasses à deux arpents, des jardinets d'estampe, et de minutieuses rizières, manoirs fantasques, armada de nefs de pierre, continent éclaté à faces de monstres, par quoi s'explique cette hantise de l'indigène à diviniser son sol, — les îles et les îlots.

Egale aux deux cinquièmes de notre Méditerranée, cette mer close dans son archipel ne compte pas moins de 3,800 îles. Mêlant aux goélands et au vol pesant des mouettes leur blanche voile rectangulaire, arcboutée de cinq bambous, les jonques errent et grouillent, fermant le jour des passes. Elles sont si nombreuses, flânant par escadrilles, que nuit et jour la sirène du paquebot doit éperdument meugler pour s'ouvrir entre elles un chemin. A la barre de celles qu'on rôle, le timonier en kimono nous salue d'une révérence, et sourit de ses dents étincelantes. Les remorqueurs eux-mêmes ont un air de croisière.

Fête de la lumière, allégresse des hommes, guet-apens merveilleux de la terre et des eaux, quel prélude à l'initiation ! Ce pays, dès le prime abord, t'avertit, ô étranger : il conquerra ton cœur par grâce et courtoisie.

***

D'énormes wharfs pontonnés : quais de ciment armé : docks et hangars aux toits courbes. Hauts sur leurs tours de fer, la géométrie dans l'espace des grues, élévateurs, treuils et bassins flottants : une rade turbulente où parmi les orbes des canots somnolent quelques torpilleurs. Pressés comme une multitude, assaillis de péniches charbonnières, amarres roides, longs-courriers, steamers, paquebots arborent tous les pavillons de la planète : fumées. C'est Yokohama, havre du bout du monde, terminus de l'extrême Asie.

Du village de pêcheurs qu'il était voici soixante ans, Yokohama n'a plus souvenance : Marseille, Liverpool, Anvers, voilà sa parenté.

En arc, longeant la baie, sous la classique appellation de Bund, s'étalent les grands palaces à architecture de châteaux-forts, les banques trouées d'ogives comme des cathédrales, les cinémas en gratte-ciel, clubs, comptoirs, magasins au style d'Europe. Au second plan, comme fond de toile, une colline en cap, le Bluff, tout hérissée de cottages, damier de courts et de golfs, mosaïque de parcs charmants, où les riches marchands et la colonie étrangère se plaisent en été à transporter leurs lares. Entre Bund et Bluff, à l'ouest, la ville chinoise, ramassis d'échopes puantes et de bouges à matelots. Gagnée sur les marais, multipliant ses labyrinthes, à l'est, la cité nippone, bâtie de clair sapin, cité à ras de sol d'où seuls, de ci de là, dans des oasis de verdure, émergent les toits verts d'un temple shintoïste.

Yokohama est à Tokio ce qu'est le Pirée à Athènes : la porte sur la mer, et le débarcadère.

Vingt-neuf kilomètres séparent les deux villes, qu'on franchit en quarante minutes d'un train électrique, genre métro.

Malgré quelques rizières alternées de vergers, on peut dire que ces sept lieues ne forment des deux côtés de la voie qu'une seule et longue rue, tant pullulent et s'enchevêtrent usines, chantiers, boutiques, cités ouvrières, monastères, guinguettes, faubourgs.

Ici se vérifie un phénomène caractéristique du Japon : l'ampleur démesurée des moindres bourgs et villes, due à leur pléthore d'habitants et à l'exiguïté des logis sans étages que seul le nombre arrive à compenser. Les villages à une rue, longs de huit à dix kilomètres, abondent dans l'empire du Soleil-Levant. Tokio, dont le nom demi-séculaire, formé de deux caractères chinois, signifie « La Porte de l'Est », entre ses faubourgs extrêmes s'étend sur dix-neuf kilomètres, soit la distance du parvis Notre-Dame au Palais du Roi, à Versailles.

Rien d'aussi compliqué pour l'hôte de la première heure qu'un essai d'orientation. Façades de bois uniformes, ruelles sans nom, maisonnettes sans numéro, culs-de-sacs à l'infini, venelles boueuses qu'on franchit comme un gué en sautillant de dalle en dalle. canaux à la vénitienne que coupent des ponts à dos d'âne, boutiques aux enseignes criardes dont se répètent les caractères, carrefours anonymes, la capitale s'offre au nouveau venu comme un écheveau décevant, puzzle et échiquier où chaque pas l'égare davantage.

Nul repère : il n'est ni quartier vraiment riche, ni quartier misérable. Tous les districts sont fraternels. La boussole conviendrait à peine pour se guider en ces méandres. Même le subtil facteur, héros d'un roman de Dickens, qui dans les arcanes de la cité de Londres découvrait ses clients en observant la fumée des toits, perdrait vite ici son anglais. Si par hasard quelque aimable seigneur vous convie chez lui à dîner, au revers de l'invitation il dessine un plan directeur. Terreur du provincial, Tokio l'inextricable demeure aux deux tiers inconnu de sa propre population.

Jusqu'au ciel, vrai lacis de câbles, maelstrom aérien de fils entrecroisés, qui pipant le jour en ses rets, ajoute encore à ce dépaysement par le vertige. Je ne crois pas, même dans les centres les plus industriels des Etats-Unis ou du Canada, qu'il se trouve de ville, emmaillotée, tissée haut et bas, aussi implacablement étreinte dans son réseau électrique.

Les trams, ne comportant d'ailleurs qu'une

classe, se suivent si fréquents qu'il n'est guère de l'un à l'autre plus d'une minute à attendre : aussi la rue ignore-t-elle ces spectacles de foules éperdues à la manière de Paris, se ruant vers les plate-formes comme à l'assaut de quelque fortin, ou tendant ces tickets à chiffre qu'un destin guoguenard s'amuse invariablement à laisser hors d'appel. En retour, chaque voiture débordant jusqu'aux marchepieds ne connaît pas de maximum. Contre trente places assises, il en est quarante debout : on y étouffe merveilleusement comme dans une caque à harengs. Les trams de Tokio, je l'ai vérifié, donnent une riche idée de la limite de compression des foules japonaises.

Autre bienfait populaire de la déesse électricité : la lumière. Du palais des damyos à l'humble cabane de l'artisan, tout ruisselle d'arcs et de becs. Pas de couloir qui n'ait sa lampe, pas de chambre sans sa virgule de feu. Les rues, dès le crépuscule, sont autant d'avenues étincelantes, grandes artères comme impasses. Derrière leurs cloisons de sapin frêle ou leurs fenêtres de papier blanc, logis privés, maisons de thé, théâtres, bureaux, restaurants prennent à la nuit, sous cet excès de luminaire, des transparences de lanternes. Si les maisons sont sans numéro, la mode s'établit, au porche des plus récentes, de fixer des globes blêmes où, sur le verre dépoli, flamboient des lettrines en noir : n'allez pas commettre d'erreur, c'est, noms et métier, l'adresse de l'occupant.

Quant au téléphone, il est partout dans la capitale. Visitez un intérieur de la classe moyenne. Vous y découvrirez, hors du sanctuaire de famille dit *Tokonoma*, qui, de laque, d'or ou de bronze, est à la fois l'autel des ancêtres, le refuge des lares et le réduit à reliques, trois objets, de pur modernisme, essentiels : une pendule, dont le mérite se mesure au plus long délai qu'il faut pour la remonter, un gramophone juché sur sa pile de disques, — un appareil téléphonique. Coffrets mystérieux aux captives rumeurs, ces trois prisons du temps, du chant et de la voix, c'est là en vérité la plus populaire conquête de notre civilisation. Ce qui les fit par tous accepter et leur donna de suite droit de cité, c'est que leur sortilège scientifique se paraît des grâces d'un jeu. Le côté pratique n'est intervenu qu'à la suite.

Dans une ville aussi étendue, où se multiplie l'esprit d'affaires, où toute correspondance, autant qu'un labeur de lettré, devient par absence de noms de rue et de numérotage des immeubles, un problème de douteuse finalité, le téléphone, paresse à masque d'activité, ne pouvait que réussir. Chaque bureau de building possède son standard : chaque chambre d'hôtel, son poste.

Mieux, pour aider l'homme de la rue, de même que sur nos boulevards se dresse chaque deux cents mètres un kiosque à journaux ou une boîte à lettres, on trouve à Tokio, à l'entrée des ponts, aux carrefours, dans les faubourgs, jusque dans la plus lointaine banlieue, d'innombrables petites guérites qu'une veilleuse allumée signale : « *Public automatic telephon.* » Le téléphone public et gratuit ! Voilà qui nous fera rêver en France...

Ajoutez que, dans ce pays de courtoisie, les demoiselles des P. T. T., virtuoses du clavecin à fiches, n'ont jamais colères ni vapeurs, et témoignant d'une douceur toujours égale, servent d'exemple aux autres corporations féminines. Et ceci, pour vous achever : la moyenne d'attente pour les communications ne dépasse pas une demiminute. *Lugete*, oui pleurez, abonnés de Lutèce !

***

Touffu, inextricable, dédale de ruelles et de culs-de-sacs, lacis enchevêtré de ponts et de petits canaux, fourmilière de maisonnettes uniformément faites de sapin et d'un seul étage, évoquant à l'asiatique les méandres du vieux Paris, tel apparaît à l'arrivant Tokio, capitale à près de trois millions d'âmes. Un labyrinthe en vérité; mais trop riche en fils d'Ariane : car l'autre stupeur de l'étranger, n'est-ce pas, à hauteur des toits, cet écheveau aérien de câbles si dense qu'il en arrive à obscurcir le ciel ?

A la longue, quelques quartiers se détachant fixent l'orientation. Premier en qualité, en date, en magnificence, noyau historique et cœur de la ville, Kojimachi, le Palais, ou pour mieux dire la Cité impériale.

Jadis, sur la hauteur s'érigeait, dominateur, taillé en château-fort, le *Shiro*, abri des grands Shoguns, qui durant quatre siècles, tenant les Fils du Ciel en tutelle, furent les maîtres de l'Empire. Mais leur chute, qu'accélérèrent et l'usure des temps et la révolution, le feu l'a parachevée en ravageant leur hautain manoir. De ce passé, des cendres seules restent : et sur ces ruines s'est bâti, à l'image du nouvel ordre, le palais souverain des derniers Mikados.

Ceint de larges douves qui en font un véritable îlot, flanqué de remparts de dur granit dont les blocs en mosaïque, couronnés de talus, portent des pins en éventail et des massifs de roses, ce lieu jalousement clos, vrai saint des saints qui se dérobe aux curiosités des profanes, ne laisse de ses cent pavillons, temples et corps de garde, que deviner les tuiles glauques d'un belvédère, ou à ras des cîmes de son parc, le dragon-poisson qui s'écartèle aux quatre angles de toute pagode.

Quelques ponts à dos d'âne, jetés sur les fossés d'eau, mènent aux portes où nuit et jour deux lampes brûlent à l'entrée. Des serviteurs en livrée sombre, soutenus de gens d'armes, vous arrêtent dès le premier seuil.

Franchissez ce pas difficile : une seconde enceinte se dresse, plus farouche que l'extérieure, renflée de contrescarpes, creusée de poternes, hérissée de garnisons. Ainsi jusqu'aux logis privés du Régent ou de l'Empereur. Des claironnades troublent d'heure en heure le silence des chemins de ronde. Ce Louvre, malgré la douceur bucolique de ses bosquets, s'enveloppe de dur mystère : j'ai vu plus d'un homme du peuple, passant à la nuit devant les grilles de l'impérial palais, par un sentiment de vénération héréditaire, se découvrir.

Dans l'ombre de ces hauts glacis, à distance respectueuse, s'élèvent les palais d'État. La plupart, tels les ministères de la marine, de la justice, la Cour d'appel, de brique rouge, à plusieurs étages, avec balcons et colonnades, sont d'un style Münich revu par Chicago. Mais quelques autres, archaïques, toits incurvés, tuiles vernissées, tels la Diète, le Club des Nobles, ou le Gaimusho (le quai d'Orsay de Tokio), s'abritent encore pittoresquement, dans ces pavillons de bois, les *yashikis,* qui servaient de demeures aux daïmyos et samouraïs de la suite des grands Shoguns.

Autour de la Cité impériale, en demi-cercle, se distribuent les ambassades : celle de France, ancien palais du prince Yamagata, fait de planches peintes que les ans dissocient, malgré son jardin délicat où chrysanthèmes et camélias marient leurs teintes rares, n'a rien à envier comme vétusté au plus branlant des *Yashikis* officiels. De récents tremblements de terre ont miné ses assises. La lézarde règne : les murs étayés de barres craquent, et jouent à la tour de Pise. L'ambassadeur, M. Paul Claudel, et sa famille, y vivent à l'état d'alerte.

Un autre quartier notoire, bruyant de foule, coloré, rendez-vous de toutes les classes, étalage du riche négoce et des métiers indigènes, confluent des modes d'Occident et du goût nippon, c'est Ginza, dont Tokio tire vanité comme Paris de ses boulevards, ou New-York de Broadway. Une seule rue le compose, longue de trois kilomètres, large, dallée, coupée de ponts, sillonnée de trams, une rue d'espèce rare, *qui possède ses deux trottoirs.*

Ici tout se mêle : l'échoppe vieux Japon aux criardes enseignes de papier ou de toiles peints, sans vitres ni devantures, où le client entrant de plein saut se déchausse pour s'accroupir sur une estrade aux nattes fines, autour de la classique chaufferette de charbon de bois, *hibachi,* par quoi se tempère l'aigre caresse des vents coulis : le grand magasin à sept étages et ascenseurs, avec salons de thé, orchestres, expositions, genre Printemps ou Galeries, au seuil desquels de vigilants gardiens s'emparent de vos pieds pour les ganter de chaussons de laine, mais dont les rayons tenus par de souriantes midinettes en kimonos à couleurs vives, débitent éclectiquement, à côté des mille frivolités et bibelots nippons, paravents à paysages, kakemonos à scènes guerrières, ombrelles de bambou, peignes d'écaille à pierreries, ceintures de soie chatoyante, coffrets de laque inscrustés de nacre, poudres, fards, pinceaux de lettrés, les dernières nouveautés de Paris, le chic de Londres et de Berlin, et toute l'utilitaire camelote yankee.

En tête de ces grands magasins figure le Mitsuikoshi, du nom de ses fondateurs, les Mitsui, qui, banquiers, armateurs, maîtres de forges, capitaines d'industrie, mécènes, colons, créateurs de pêcheries, forment dans le nouveau Japón une dynastie fabuleuse de businessmen, tels les Vanderbildt sur l'autre rive du Pacifique, ou en Europe les Rothschild.

Le triomphe de leur magasin, quand je le visitai, c'était, en vue de la fête du 3 mars, l'exposition des poupées. Mikados, impératrices, dames de cour, princesses, baladins, Shoguns à barbes neigeuses, samouraïs harnachés en guerre, geishas en riches atours, joueuses de samicen, palais et temples lilliputiens, sous nos yeux revivait, légendaire et traditionnel, à l'échelle de marionnettes, un merveilleux univers. Que d'aristocratie dans les masques, que d'humour dans la virgule d'un sourcil ! Quelle subtile stylisation dans la traîne d'un manteau de cour, ou la poignée d'un sabre de parade ! On m'a conté que, pour maintenir à son haut degré d'art cette industrie nationale des poupées, les Mitsui ont fondé une académie où siègent les plus éminents écrivains, peintres, poètes, professeurs de la capitale : mon plaisir d'aujourd'hui était ainsi le fruit de leurs recherches de trois mois.

Ginza abonde en célébrités. Compagnies de navigation, grandes banques, librairies, stands d'autos, bijouteries de haut luxe où s'exposent d'éblouissants colliers de perles cultivées, chemins de fer, grosse métallurgie, journaux, export-import, les premières firmes de l'Empire, les plus puissantes spécialités du monde se disputent l'honneur de s'inscrire dans son district. Nihombashi, à l'est, qui est son terminus, offre la turbulence de la Bourse à midi : ici, par millions de yens, se brassent à l'américaine les affaires de toute l'Asie.

De tels marchés, vous le pensez bien, ne sauraient vraiment se tenir dans des maisonnettes de poupées : aussi, en ce champ étroit, comme une éruption mobilière, poussent à la va-vite, sans plan, avec le seul désir de faire colossal, d'énormes *buildings* à huit ou dix étages, style gratte-ciel, dont le contraste avec les bas quartiers d'alentour ahurit l'étranger. 1.200 tremblements de terre en moyenne, soit presque deux à la journée, ébranlent annuellement l'archipel du Soleil-Levant. Pour ma part, durant ma première quinzaine, j'ai pu en observer six, dont deux en la même nuit. Là est l'explication des petites maisons de bois, construites sans assises, à ras du sol : là aussi le péril pour ces énormes casernes d'affaires.

Comme parade à ce fléau fatal, on a pris coutume d'étayer ces modernes pyramides de pilotis profonds, renforcés de blocs de ciment armé à la manière des jetées de mer, et jusqu'aux toits de les arc-bouter de poutrelles en spirales, vraies armatures élastiques, qui permettent à l'immeuble de jouer sans dislocation. De vastes chantiers, pareils chacun à une exploitation de carrières, s'ouvrent aussi au long de Ginza, grouillant de wagonnets et d'un peuple invisible de terrassiers.

Tokyo étant bâti sur des marais, au niveau de la mer toute proche, il n'est pas rare de voir soudain, en plein boulevard, surgir de derrière quelque palissade un groupe d'hommes monstrueux, en justaucorps de cuir et à casques de verre : ce sont des scaphandriers, bâtisseurs de la cité future.

LES CINQ-A-SEPT DE GINZA OU LES ENSEIGNEMENTS DE LA RUE

Vers cinq heures flâner, dans Ginza, se perdre dans le labyrinthe de boutiques, ruelles, canaux, impasses qui le flanquent, n'est pas qu'un passe-temps d'artiste : tel au pied de Stamboul le port de Galata, ou le Corso des villes italiennes, c'est d'un poste de guet idéal observer gens et mœurs. C'est déchiffrer à ciel ouvert la chronique du Japon moderne.

Dans le tumulte des trams inverses, à travers les embardées d'autos qui, menant train d'enfer, malgré le principe à l'anglaise de tenir la gauche, se doublent, se dépassent, traitent la rue en pays conquis, deux singularités vous frappent : l'extraordinaire pullulement des bicyclettes, dont l'excès n'a d'égal que l'acrobatique virtuosité de ceux qui les montent, — et surannés, pittoresques et charmants, les pousses et leur équipage.

Tokio, capitale à un étage, compense en quantité ce que ses maisonnettes de bois ont de par trop lilliputien : entre ses faubourgs extrêmes on compte jusqu'à dix-neuf kilomètres. La Cité impériale, vaste îlot ceint de douves et de remparts, occupant le cœur de la ville, tout n'est que banlieue alentour : il faut des heures pour passer d'est en ouest... la bicyclette, c'est ici l'auto du populaire. Les statistiques du fisc en fixent le nombre officiel à 90,000. Le matin, quand échoppes et bureaux s'ouvrent, ou le soir, à leur fermeture, chaque grande avenue se transforme en vélodrome.

D'instinct, le Japonais possédant le sens de l'équilibre, et par nature une étonnante souplesse de corps, on assiste entre chevaliers de la pédale, pour se faufiler entre les marchands ambulants, les camions, les trams et la foule affairée, à de véritables matches de voltige, et des prouesses dignes du cirque. Les trottoirs de Ginza, pistes parfaites, ne sont pas à l'abri de toute incursion : je dois cependant avouer, si le visage des piétons trahit parfois quelque inquiétude, n'avoir encore jamais noté le moindre accroc ou accident.

Hauts sur roues de caoutchouc, taillés en forme de nacelles, abritant quand il pleut leurs sièges de velours sous une capote hermétique qu'éclairent latéralement deux fenêtres de mica, amples, bien balancés, les pousses — qu'on nomme à la japonaise *djinrikshas* — se distinguent de leurs frères de Saïgon et de Shang-Haï par leur sombre livrée, du noir le plus sévère. Teintes et silhouettes, ils évoquent étrangement les gondoles de Venise.

J'ai demandé la raison de ce deuil unanime : de même que dans toute l'Asie le jaune est séculairement la couleur réservée à l'empereur, le noir dans le vieux Japon formait l'apanage de la noblesse. Tous les anciens palais, les yasihkis, tous les manoirs de l'ère féodale sont ainsi peints en noir. Le djinriksha, privilège des gens de qualité, suivait le destin de ses maîtres. Le pousse s'est démocratisé : sa couleur survit.

Des coureurs professionnels, les *kurumas*, larges de torse, souffle de forge, jambes musculeuses de centurion romain, tirent ces légers véhicules : aux montées ou pour de longs parcours, parfois, ils s'attèlent en flèche. Groupés en corporation, ils se succèdent de père en fils dans leur charge héréditaire. Coiffés de larges chapeaux-cloches faits de bambou tendu de toile noire, portant jusqu'aux chevilles des pantalons collants à la mexicaine, ces coursiers humains, merveilleux d'endurance, peuvent fournir des traites de plusieurs jours, à la vitesse moyenne de dix kilomètres à l'heure.

Incomparables pour se débrouiller dans l'embarras d'une ruelle où ils ne peuvent passer deux de front, ingénieux, malins, respectés, s'enorgueillissant entre autres monopoles du transport des geishas, ils sont au Japon moderne ce que nos coches et fiacres sont au Paris du xxe siècle : un archaïsme pittoresque qu'on ne retrouvera bientôt qu'au musée. La civilisation les tue : l'auto lentement les décime.

Coûteux, d'un luxe paradoxal, ils se réduisent de plus en plus au service des ministères et à la figuration domestique de quelques aristocratiques maisons. De 50,000 environ inscrits au début du siècle, la capitale n'en compte guère qu'une quinzaine de mille aujourd'hui. Détail démonstratif : les *kurumas* de Tokio sont pour la plupart de vieux hommes, blanchis sous le harnois. Et c'est parmi leur descendance, ô tempora !

ô mores ! que les compagnies recrutent leurs meilleurs wattmen et chauffeurs.

Aux carrefours, à l'entrée des ponts, des gamins secouant des grappes de clochettes signalent la fraîche édition d'un journal qui sort des presses : Ce sont les camelots d'Asie. Leur vacarme bucolique s'accompagne de boniments : ils commentent le fait du jour, allèchent le public en ne laissant entrevoir qu'un titre, mais si l'événement est d'importance, sûrs de voir dans leur sacoche pleuvoir les billets de dix cents, n'hésitent pas en travers des murs à placarder l'article sensationnel.

A quelques pas, sur les marches d'un building, un étrange personnage à bonnet pisseux d'astrakan, engoncé dans des fourrures élimées, et dont le linge montre la corde, étale comme un jeu de tarots une liasse de bank-notes, rose pâle, vert d'eau, bleu lavé. Il y en a là pour des millions. Nul ne semble y prendre garde : à peine si un groupe d'enfants s'amuse de cette fortune à considérer les images. Ces coupures, vrais billets de la Sainte-Farce, ne sont que paquets de roubles aux armes du Soviet : et leur agent de change, quelque nouveau pauvre, ex-boyard de la vieille Russie que l'épouvante de la Tchéka chassa jusque chez l'ancien ennemi.

Se croisant sur le trottoir, deux Japonais, avant de s'aborder, se saluent d'une révérence à angles droits : fûssent-ils des businessmen aux heures précieuses, leur entretien ne commencera qu'après les compliments et l'échange des vœux. Le *shake-hand*, article d'importation, n'a pu encore s'acclimater.

Observez ces deux femmes de la plus humble classe : se reconnaissant dans la foule, elles s'inclinent de loin, à mi-corps, lentement se relèvent, puis d'un air de surprise heureuse vont l'une à l'autre, se souriant.

Ce peuple, le plus poli du monde, se plie

ainsi, d'instinct, dans ses moindres manifestations, à un cérémonial rigoureux, à un code strict d'étiquettes et de formules, dont l'art et le protocole, à lui inculqués dès l'enfance, forment, non une distinction de caste, mais un fonds national. Le salut d'un *kuruma* qui vous invite à monter sur son pousse égale en courtoisie l'adieu d'un damyo, pair de l'Empire, prenant congé de vous au seuil de son palais.

Tant de grâce raffinée, tant d'aimable gentillesse ne sont pas un des moindres charmes de cette fière race. Au contact de l'Occident, sous le choc des méthodes yankees et l'invasion de l'esprit d'affaires, pour qui la politesse n'est qu'une forme du temps perdu, on pouvait craindre que ces traditions n'aillent s'atténuer jusqu'au total oubli. Il n'en est rien, heureusement : à mesure qu'il fait plus de place aux techniques et industries d'Europe, le Japonais, comme s'il voulait agrandir la frontière entre la civilisation qui l'accueille et celle que lui ont léguée ses ancêtres, s'attache plus rigidement à ses élégances morales, à ses mœurs, à ses rites de vie. Ce nationalisme n'est-il pas du meilleur ?

Sur le sourire japonais, Lafcadio Hearn a écrit un si définitif chapitre qu'on ne saurait sans outrecuidance y revenir après lui. Énigme pour l'étranger, motif de dérision pour certains, disons à grands traits que ce sourire, qui loin d'être figé comporte toute une gamme de nuances et d'enseignements, compose un silencieux langage par quoi s'exprime le dieu intérieur que chaque homme abrite. Tout s'y reflète, des plus secrets mouvements de l'âme : joie pure, humilité, honte, haine, déférence, sagesse, douleur pudique, tout; sauf l'ironie, qu'aucun Nippon jamais n'entendra. C'est en souriant que l'homme du Yamato se prosterne devant ses dieux, reçoit la plus haute fortune, et à son ami dans la peine offre ses condoléances; en souriant que, bravement, il se donne la mort.

Exquise politesse, sourire de rigueur, tout cela la rue le révèle. Mais ce qu'elle ne démontre pas moins, c'est l'indifférence de tous en matière d'habillement.

La seule concession aux modes d'Europe ne dépasse pas le chapeau : qu'il s'agisse de la casquette en pointe, à la polonaise, rehaussée d'un écusson d'or, qu'arborent étudiants, rapins, bacheliers, de la casquette de cycliste à large visière dont se parent l'adolescent sportif et la jeunesse commerciale, des feutres, à cent formes, cabossés et poudreux, dont se coiffent la gent bureaucratique, l'homme d'affaires, la classe libérale, on sent que seul le bon plaisir gouverne cette coutume, récente en date, du couvre-chef. A peine, et avec quels regrets, si ministres, chefs d'industries, hauts fonctionnaires daignent, aux jours officiels, se soumettre à la tyrannie du haut-de-forme.

Pour le costume, pas d'hésitation : l'unique

règle est le kimono : sombre, de soie ou de pongé, doublé de molletons, rayé de lignes ou de fleurettes, manches flottantes, ceinture noire nouant la taille, avec pour les élégants qui ressortent du clan samouraï, cinq écus noir et blanc blasonnant aux bras, des deux côtés du cœur, sur le dos.

Heureux sujets du Mikado, qui avec le kimono national ont réglé le problème des manchettes et du faux-col ! De souliers, peu ou point, mais, s'il pleut, de petites échasses de bois à double talon haut, et si le temps est au beau fixe, de légères socques de cèdre ou de cordes tressées, qu'un lacet en triangle lie à chaque gros pouce, le tout aisé, alerte, claquant harmonieusement à la façon des castagnettes sur les dalles de la chaussée, et connu sous le nom de *geta*.

Pauvres et riches, manants ou princes, provinciaux ou citadins, l'équipage est identique. C'est du vrai communisme vestimentaire. Nul ne s'attache à l'apparence : aucun souci du qu'en dira-t-on. Là où renaît la distinction des classes, c'est, les *getas* quittés sur le seuil et le banal kimono de ville suspendu au patère d'antichambre, en famille, dans le privé.

Pour les femmes, même chanson. Plus haut est le rang, plus simple le kimono. Leur seule coquetterie s'affirme dans le col de satin ou de soie à ramages, croisant en guimpe sur leur gorge, et surtout dans le nœud de ceinture, dit *obi*, aux coques chatoyantes, aux barrettes de pierreries, qui dans leur dos, pareil à un papillon en plein vol, vaut parfois des milliers de francs.

Les basses classes seules s'abandonnent à leur goût de bariolage : les geishas même, plaisir des yeux, dictatrices du bon ton, mettent leur point d'honneur, hors des maisons de thé, à ne s'orner que d'étoffes neutres, et sous quelque cape aux tons éteints à dissimuler leurs *obis* tissés des brocarts les plus rares.

Comme chaussures, unanimement, femnes du monde ou du peuple, servantes, eishas, midinettes, ne portent que les socques le bois léger, les *getas*, et de laine, de velours, u de soie, mais blanches toujours, de fines haussettes qui montent jusqu'à mi-jambes. e chapeau est un accessoire de beauté nconnu de la japonaise ; par contre, d'une tonnante variété, rappelant par leur ampleur le XVIIIe et l'art de Léonard, vrais onuments étayés de coussinets de crins, de melles de bois ou d'argent, de peignes et 'aiguilles, leur coiffure tourne au chef-'œuvre architectural. Il faut des heures à plus humble pour rétablir un tel édifice : ssi ne se peut-il refaire que chaque trois urs environ. Pour n'en pas troubler l'ornnance, stoïque, la femme nippone passe s nuits, dormant sans bouger, sur des cubes bois où, comme en un carcan, sa nuque ncastre.

Enfin, pour clore ce chapitre de flore

humaine, je citerai, vues de la rue, deux dernières observations. Nulle part comme ici, on ne rencontre autant de gens portant lorgnons, ou bésicles à la Chardin. L'Empire du Soleil-Levant souffre de myopie native. Un fait qui le confirme, c'est dans chaque ville la multitude d'échoppes d'oculistes, et dans les campagnes, d'opticiens ambulants. Cette maladie nationale s'explique par l'étude ardue et la laborieuse écriture au pinceau des milliers de caractères chinois, idéographiques, anguleux et hagards, en forme d'hiéroglyphes géométriques qui, s'ajoutant à l'alphabet nippon, émoussent dès l'enfance et détériorent le regard le mieux trempé.

Autre particularité de la foule : son extrême propreté. La pièce essentielle de la maison nippone, fût-ce un bouge, c'est la salle de bains. La plus misérable auberge de grand'route possède son bassin, où hommes, femmes, enfants, voyageurs barbotent de compagnie. Ce souci d'hygiène tire sa force non pas de la raison, ou de la pure joie physique, mais surtout de la religion. Parmi les préceptes de vie qu'édicte la religion d'état, le Shintô, l'article le mieux obéi, le Credo, se résume en cette formule : « *Rokkon Shôjo :* que les six racines du corps soient sans cesse purifiées ! » Être propre, c'est la manière humaine de s'égaler aux dieux.

Les bains se prennent le soir, vers six heures, et plus souvent en pleine nuit. Pour qu'ils soient au goût indigène, ils doivent atteindre au moins les 42°. Nul épiderme européen ne saurait résister à si haute température : par l'effet de l'entraînement, le Japonais sort de son étuve, sourire aux lèvres, bouillant et cramoisi comme une demoiselle de Cherbourg.

Cette cuisson purificatrice qui affole le Fahrenheit, bat sa vogue quand souffle la bise, ou qu'accourus de Sibérie rôdent les frimas et les neiges : quel feu de coke ou de bois sec, quels poêles ou chaufferettes vaudraient ce prompt moyen de se pourvoir en calories ? Aussi n'est-il pas rare, en hiver, de voir le Japonais, race frileuse, prendre deux ou trois bains en un après-midi. Comme, loin du bureau, la maison reste hors de portée, l'établissement public la remplace. A Tokio, et dans les grandes villes, il en pousse à chaque coin de rue.

Le bain y coûte environ huit centimes : pour les familiers, m'a-t-on assuré, il est même à *tarif réduit,* des carnets d'abonnement...

LA FOIRE SUR LE PARVIS DU TEMPLE

« Le troisième jour du troisième mois, vous honoreriez notre maison si vous daigniez y assister à la fête des Poupées, présentées par notre fille Kazuko. » *Dolls festival*, porte l'invitation, rédigée selon la formule nippone, mais pour l'étranger que je suis, dans la langue de Dikens et de Poë.

Le 3 mars, en effet, est jour faste et d'allégresse : à la ville comme aux champs, quelle famille assez déshéritée, pour ne pas craindre, en l'oubliant, d'écarter d'elle la faveur des dieux ? La nuit, pour les enfants, fut un guet passionné : c'est Noël dans tout l'Empire.

Tokio chôme : la foule en kimonos des dimanches arbore par les rues un sourire unanime. Dans la plus somptueuse chambre du *yashiki* à l'ancienne mode, où deux servantes, après les prosternations d'usage, me guident, voici chez mon hôte d'une heure le sanctuaire aux poupées.

Cinq étagères en pyramide : un musée de marionnettes. L'adolescente de la maison, Kazuko aux cheveux en volute, oints et calamistrés à l'huile de camélia, fait les honneurs. C'est une jeune fille riche : son exposition peut passer pour un modèle du genre.

Au sommet de la pyramide, en d'éblouissantes robes à cerceaux, coiffés de mîtres d'or nouées sous le menton, le Mikado et l'Impératrice : ils imaginent le couple parfait, symbole de l'unité nationale. Au-dessous, protocolairement, toute une cour en raccourci : les princesses du sang aux manteaux de brocart tissés de sept couleurs;

les dames du palais portant dagues à la ceinture et pantalon de rouge soie bouffant à l'ottomane ; le grand chambellan ; les dignitaires de l'Empire; un vieillard dont la face d'orgueil s'achève en barbiche de neige, Yorimito, le Shogun légendaire ; les damyos, seigneurs féodaux qu'on reconnaît à leurs cils broussailleux, et bombant sous la blanche tunique, à l'éclat métallique de leurs cottes de mailles ; les samouraïs de leur suite armés du double sabre : puis, dégradés jusqu'au socle, entre des pagodes en miniature, des maisons de thé lilliputiennes, les geishas hiératiques au sourire fardé d'idole, les joueuses de samicen, les bonzes au crâne ras, les paysans du Hokkaido plissant les yeux d'un air entendu ; et, pour finir, porteurs de masques horrifiants, grotesquement enluminés, les mimes et baladins, — au dernier échelon, comme ils le sont réellement dans le monde et par la vie.

Tant d'aristocratie dans les traits, de

grâce dans les attitudes, l'harmonie des satins, la science des emblèmes, l'humour même que révèle telle grimace de guerrier, ou tel sourire de servante ne sont pas l'œuvre d'un jour : on sent en ce petit monde stylisé de carton et de bois peints une mode de longue date, une élégance traditionnelle, et le métier hérité de très anciens et très purs artisans. Maintes de ces poupées, orgueil de la maison, sont vieilles de quatre à cinq siècles. Les générations se les transmettent comme les bijoux de famille, ou les tablettes des ancêtres. Elles font partie de la corbeille de fiançailles. Kazuko, adolescente, quand elle se mariera, ne manquera pas de les installer dans son nouveau palais, et sa fille, dans quelque vingt ans, au troisième jour du troisième mois, conviera ses intimes pour venir admirer leur collection accrue.

Car, il faut le dire, ces divins personnages du royaume du temps perdu ne sont pas que des passe-temps *ad usum puellarum* : serrés dans des coffrets de laque, trônant dans la plus belle pièce, ils jouent dans toute maison nippone le rôle de dieux lares. Anges gardiens à l'asiatique, génies du foyer selon le dogme shintoïste, ils détournent les mauvais esprits, éloignent la fortune contraire, et sous le toit qui les abrite, attirent les bienfaits du ciel.

Aussi, respectueusement, venons-nous en leur honneur d'élever nos coupes remplies de tiède *sakké* (eau-de-vie de riz). La cérémonie s'achève sur les trois salutations rituelles. Si les *Hina Sana* (Honorables mesdames Poupées) ne mentent pas à leur symbole, en voilà pour toute une année de bonheur.

A quelques semaines de là, au cinquième jour du cinquième mois, autre fête de famille : fête virile, cette fois, où l'on honore carpes et garçons. C'est le Tannko-no-sekka.

A travers l'archipel entier, d'Avomori à Nagasaki, et jusque dans la 3.800e île, la nuit du 5 mai, chaque seuil de maison se hérisse de longues perches de bambou, balançant d'énormes carpes de fer-blanc, de toile et de papiers dorés. Autant de carpes que d'enfants mâles. Cette pêche miraculeuse saute, cliquette, virevolte au moindre vent : la rue a des lueurs de fleuve. Le ciel, paradoxalement poissonneux, évoque les estampes animales d'Okyo ou de Korin.

On se visite cérémonieusement, on congratule les familles riches en héritiers. C'est vacances pour tout un jour. Quant au symbole, il est fort simple : à l'exemple de la carpe, célèbre par sa vigueur à remonter les plus vifs courants, puissent les garçons, devenus hommes, remonter d'un cœur intrépide le courant adverse du destin.

Grand émoi dans la capitale : comme criée à son de trompes, il n'est pas de cœur citadin que ne trouble l'heureuse annonce. Boutiques, bureaux se ferment : chantiers et buildings se vident. La foule prend d'assaut les trams. Vers Ueno, au parc grandiose, vers Shiba aux nobles avenues, sur les deux rives de la Sumida, des caravanes s'improvisent. On festoiera au hasard des guinguettes : toute une ville, sans se consulter, va faire l'école buissonnière. C'est une épidémie bucolique.

Oubli des soucis quotidiens, trève aux besognes, paix à toute haine : voici le temps des courtoisies, du pardon, des petits cadeaux. Que l'indulgence règne ! *Les cerisiers sont en fleurs.*

Un proverbe souvent cité déclare : « De même que la fleur du cerisier est la première parmi les fleurs, ainsi le guerrier doit être le premier entre les hommes. » Un autre : « A quoi, demandez-vous, ressemble le cœur du Yamato (nom traditionnel du Japon) ? A la fleur du cerisier sauvage, exhalant son parfum au soleil du matin. » Dans leurs *utas* aux courts versets, pour décrire cet enchantement bleu et rose, les poètes le comparent « à la toison floconneuse des nuages, qui doucement teintés par les feux du couchant, descendraient des plaines du ciel pour se suspendre à la croix des arbres. » Pas de danse de geisha, pas de drame du théâtre Nô, qui n'évoque au moins une fois cette féerie de la terre, présage des temps meilleurs. Elle est l'éternel motif des berceuses et des rondes d'enfants ; elle est dans les écoles un thème classique de narration. Etonnez-vous que, célébrant en elle son amour de la terre natale, ce peuple panthéiste, raffiné et sensible, ait fait des cerisiers en fleurs sa fête nationale.

Et maintenant, nous voici en août, au troisième jour de la fête des lanternes, dans l'ardente splendeur d'été. On glorifie les morts : C'est la Toussaint nippone.

La veille, dans les cimetières à flanc de montagne comme à Yokohama ou Nagasaki, les familles sur la tombe de leurs disparus sont venues en pique-nique et en kimonos de gala faire d'aimables collations. On potine de tertre à tertre : on s'invite de stèle à stèle : les pipettes se succèdent, coupées de *sakké* ou de thé. Les morts descendus sur la terre pour visiter le foyer des ancêtres, s'incarner en leurs tablettes, accomplir l'annuel pèlerinage aux lieux où ils vécurent, satisfaits des devoirs rendus et des rites qu'à leur égard observa une descendance respectueuse, vont regagner le royaume d'au delà d'où, bienveillants ou courroucés, ils nous voient, nous entendent, nous jugent.

Il convient, pour ce long voyage, de les aider dans leur embarquement. A cet effet, chaque famille a tressé une nef de bambou ou de paille, gréée de banderolles, rehaussée d'emblèmes, la proue étincelante de lampions; à bord, pour la traversée, on a pris soin de glisser une poignée de riz, une coupe de thé, et quelques sen pour le péage. C'est la réplique asiatique de la barque à Caron

Minuit approche. Processionnellement la ville se répand sur la grève. La flottille lilliputienne est mise à l'eau. Des fanfares éclatent : des musiques se répondent. Les cloches des pagodes, les gongs des monastères tintent. De cette foule en bonne humeur monte une mélopée à trois notes où alternent les trilles des rires.

Quelques hommes, jouant les pilotes, demi-nus, hardes retroussées, avancent à mi-corps dans les flots : ils poussent l'armada des morts. Armés de gaffes et de lanternes, ils la guident aussi loin qu'ils peuvent vers le large. Le vent supplée à leurs efforts.

Mais voici qu'une bouffée de brise, décoiffant un lampion, met le feu à une nacelle : la flamme gagne l'esquif voisin. Toute la flottille s'embrase, et c'est brusquement sur la mer une ronde de feux-follets. De tous côtés, les pétards claquent, des fusées déchirent le ciel. La foule crie et se dresse, haletante. Et cette Toussaint s'achève dans le vacarme et la bastringue d'une nuit de 14 juillet.

Si entre cent cérémonies de l'année je me suis attaché à ces quatre, descriptives du genre, c'est pour montrer combien le passé au présent se mêle et quelle force a la tradition en ce Japon du xxe siècle. Depuis cinquante-sept ans qu'il s'est ouvert au monde extérieur, la façade seule a changé, et encore, à la manière de ces feutres aux formes étranges, dont chacun se gausse, que l'homme de la rue arbore avec ses socques et son kimono à blasons.

Les âmes sont restées féodales, riches de crédulité, jalouses de leurs rites et us, fortes d'orgueil, murées, hermétiques : leur granit n'est pas de ceux sur quoi le doute scientifique, ni les raisonnements critiques, ni le temps puissent mordre. Toute civilisation, hors de l'industrielle, n'est ici que placage.

A vingt kilomètres, dans la campagne de Tokio, les paysans en mai s'assemblant, comme il y a mille ans, pour fêter Inari, le dieu-renard, génie des rizières, promènent cérémonieusement par leurs champs et villages deux vivants renardeaux, porteurs de clefs, vêtus de robes éclatantes, la queue nouée de papier d'or, et se prosternant à leur passage, murmurent des invocations. Ce dieu étant aussi celui des *djorôs* (courtisanes), pas de logis d'amour, pas de maisons de joie où, sur la planche des Esprits-Augustes, entre la tablette des ancêtres et les saintes images, ne trône, objet d'un culte quotidien, la statuette du renard d'argile. En Izoumo, où le froid sévit, le sanctuaire le plus vénéré n'est-il pas celui de Kamiyo-san-no-Inarisan, dieu des rhumes et des bronchites?

Ce n'est pas là que superstition, ou fétichisme archaïque, mais comme dans l'antique Héllade, excès d'imagination poétique, tourment du mystérieux, instinct mythique d'une race qui aime à tout diviniser.

A l'issue de leur course terrestre, les morts,

sans autres métamorphoses, tous les morts, s'élèvent au rang de *Kami*, génies supérieurs. Empereurs, héros, princes et bonzes glorieux sont de plein droit déifiés. Bien mieux, il n'est rien sur sa terre qui ne soit pour le Japonais prétexte à adoration : arbres, plantes, pierres, paysages, la grâce des fleurs, le spectacle changeant des saisons.

Ainsi, un matin, dans Ginza, j'ai vu ún jeune télégraphiste, venant sans doute au préalable de s'acquitter de son messsage, descendre de bicyclette, stopper devant la vitrine d'un naturaliste où, mordoré, chatoyant de feux, s'étalait un oiseau-des-îles, et après les trois salutations rituelles, sortant son carnet de poche, rester une heure à le croquer. Nul, de la foule qui passait là, ne songea même à s'étonner.

A l'exemple de ce boy artiste, tout est à tous motif d'extase, privilège, délectation. De même que sa patrie, vierge de toute invasion, inviolée au cours des siècles, lui apparaît la plus belle du monde, de même chaque Nippon, libre et noble entre les hommes, se juge de la race élue, seule digne d'affronter les dieux. Sensible aux belles formes, hanté de surnaturel, dès l'enfance il a pris coutume d'errer familièrement en pleine forêt de symboles, dans le royaume aux belles légendes.

N'est-elle pas vérité surtout d'aujourd'hui, cette fière boutade que, déjà au VIIe siècle, émettait Hitomaro : « Au Japon, l'homme n'a pas besoin de prier, car le sol même est divin » ?

***

En s'ouvrant au monde extérieur, et par ses armes et à coups d'usines en s'égalant aux plus grandes puissances, le Japon n'a rien abdiqué de ses mœurs, de son idéalisme, ni de ses traditions. Il reste tel qu'il y a mille ans le royaume des dieux et des belles légendes. Aucun de ses génies n'est mort. L'esprit critique, rançon de la science, le doute, fruit amer des trop vieilles civilisations, n'ont pu même effleurer son âme de candeur.

Sans m'attarder aux détails de la religion, ni après tant de hauts esprits essayer dans le Shintoïsme, dogme national, de reconnaître l'apport métaphysique des Indes ou de la Chine, je m'en tiendrai à la simple visite d'un temple, illustre et hanté des foules, celui d'Asaksa, qui est à Tokio comme Notre-Dame à Paris. Ce pèlerinage fera sentir en quelle aimable familiarité dieux et fidèles vivent ici, leurs relations déconcertantes, plus temporelles que spirituelles, l'humanité de cet Olympe souriant, la foi sans mysticisme de ses dévôts, et pour tout dire, chez les uns et les autres, la bonhomie.

Large et dallée comme un pavé-du-roi, bordée d'une multitude de boutiques où se débitent pêle-mêle images de piété, jouets d'enfants, bâtonnets, encens, socques, peignes, étoffes peintes, poissons fumés et gâteaux de riz, une avenue toute claquetante de banderolles et d'enseignes mène droit au parvis du temple. Un portique à double fronton, de bois laqué rouge, haut de trente mètres, forme la porte symbolique du saint lieu. Des deux côtés, dans des guérites, se contorsionne un couple de hideux géants, les Ni-ô, prunelles révulsées, bouche en délire, crinière à tresses serpentines, faces camuses de cauchemar, l'un peint en vert, l'autre en rouge ardent : ce sont les gardiens horrifiques de la maison des dieux.

Une cour à cinq bassins de bronze ; à l'imitation des fidèles, après y avoir puisé l'eau pour les ablutions des lèvres et des mains, escaladons les marches roides, et glissons-nous sous le porche aux quatre angles en croissant de lune. Deux galeries à rouges colonnades où mendiants et pigeons vivent de compagnie : un trou d'ombres grouillant de populace, vibrant de fine poussière, grondant de sourdes oraisons. C'est là.

Comme tous les palais, comme tous les logis nippons, le temple est de bois. Le sanctuaire principal, qu'une grille protège, dédié à Kwannon, déesse aux mille mains, patronne des pauvres gens, accueille nuit et jour l'hommage d'un peuple suppliant. Innombrables, les lanternes suspendues au plafond en offrande, et les ex-voto à grimoires collés aux barreaux et aux murs.

Non moins curieuse est la manière d'invoquer la faveur divine : munis de feuilles où d'un fin pinceau, quelque lettré traça leur requête, les pèlerins après les trois claquements rituels, pour le ciel, pour la terre, pour les hommes, mâchent énergiquement leur placet, le réduisent en boule, puis le jettent à la statue. Si la boulette s'attache et tient, le vœu a chance d'être exaucé ; au cas contraire, il convient d'attendre un jour faste pour tout recommencer.

Non loin de la douce déesse, dans une niche latérale, un grand vieillard de bois est assiégé de foule : c'est Benzuru, pieux disciple de Bouddha, un des seize Rakkans, génie de la médecine. On lui attribue le pouvoir de guérir tous les maux. Il donne gratis ses consultations. Sa chapelle tourne à la clinique. Aussi ses adorateurs le sont-ils moins que ses clients. Sa thérapeutique est fort simple et à la portée de tous ses remèdes : pour obtenir soulagement ou guérison, il suffit que le malade se frotte la partie dont il souffre contre celle correspondante sur le corps du divin Bonze. Voilà, si je ne m'abuse, de la sainte homœopathie.

Pour le culte, il est si réduit qu'on peut dire qu'il n'existe pas. Ni fleurs, ni messes, ni couronnes ; et de pompeux offices de liturgie à heures fixes, point. Tout se passe en prières mentales, en méditations, en dialogues rituels.

On entre au temple comme au restaurant,

comme on visite la maison de thé, selon son humeur du moment ou les besoins de sa conscience. Le sourire est de rigueur. Seul le peuple pratique vraiment, moins par foi que pour satisfaire son goût du merveilleux. Élégamment sceptiques, esprits forts par mode et bon ton, noblesse et hautes classes affectent de ne traiter les dieux que chez elles : c'est le ciel sur commande, à domicile. Quant aux dames de qualité, la pagode et ses mystères ne leur est qu'une inconnue de plus.

Mais le temple, à Asaksa, n'est rien, ou qu'un lieu de passage ; ce qui compte, c'est l'entourage. Reportez-vous aux plus fameux soirs de Neuilly ou de Montmartre, ou évoquez le tohu-bohu, le tintamare, les boutiques et les parades de la Foire aux pains d'épices.

Dans un jardin poudreux, semé de petits lacs et de pièces d'eau, entre des grottes artificielles et des monolithes taillés en fleur de lotus, une cité de plaisirs surgit, cité macaronique, Luna-park installé sur le parvis du temple. Mille guinguettes, théâtricules, bazars, manèges, cirques, guignols, dioramas s'accrochent et s'enchevêtrent. Voici, aux flons-flons troués que moud un orgue de Barbarie, chevaux de bois, tirs à l'arc et à la carabine, cycles à pistes fixes; voici l'arène à ciel ouvert, faite de pieux et de toiles, au seuil de laquelle obèses, houlant de muscles, quelques lutteurs à la peau huilée jettent le gant ; voici, chers à l'enfance, les prestidigitateurs, les jongleurs, les illusionnistes, armés de sphères à mirages, de torches vives et de poignards; comment résister à leurs sortilèges ? De la ménagerie voisine montent d'affreuses vociférations : ce sont les monstres bien dressés qui en manière d'appel au peuple conjuguent leurs rugissements.

« Entrez, messieurs et dames, et plus encore, vous, les militaires ! Ceci est, à la japonaise, le vrai, le seul, l'unique Musé

Grevin : on y admire grandeur nature, en leurs costumes d'époque, et d'une cire qui imite jusqu'à la chaleur de la peau, Jimmu Tenno, le premier Mikado divin, Yamato Dake, le parfait chevalier, modèle des samouraïs, et Tachibana Hima, sa femme, modèle du dévouement conjugal, la blanche impératrice Jingô, conquérante de la Corée, dont la figure revit encore sur les billets de banque, les dix-sept grands Shoguns, et tous les héros de l'Empire, inclus le grand Nogi faisant harakiri ? »

Autre musée à la porte suivante, mais d'orthopédie, celui-ci, et d'horreurs médicales, étalant sous ses vitrines goîtres, gibbosités, pieds bancroches, pieds-bots. Montés sur des tréteaux, bonimentant *ex cathedra*, bonnet pointu en tête, bésicles de hibou sur le nez, charlatans, empiriques, marchands d'orvietan, rebouteux et exorciseurs vous tirent la bonne aventure, débrouillent vos affaires de cœur, et quel que soit votre cas ou peine, vous remettent pour un *demi-yen* la panacée universelle, ou l'élixir de longue vie, philtres, charmes, onguents et drogues : quelle impudente concurrence au dieu tout proche Benzuru !

Ailleurs preste et rusé, le réparateur de pipettes casse et ébrèche de vieilles faïences à seule fin de démontrer son art à les rafistoler : à ses côtés, plus couleur locale, et fort applaudi des badauds, l'horticulteur ambulant, son compère, artiste en raccourci, offre sa collection de chênes-nains, de pins microscopiques, et tenant tout entier dans une assiette à fruits ou une coupe de cristal, des jardins et parcs minuscules, où ruisselets, ponts et rocs se distinguent.

Que ne trouve-t-on pas en ce kaléidoscope-capharnaüm d'Asaksa, du phonographe qui entre deux shimmies ânonne un prêche de clergyman, à la baraque où en deux gestes et trois mouvements on s'initie au jiu-jitsu ? Çà et là, pâtissiers de carrefour, marchands de friandises, gargotiers en plein vent dispensent à la foule en goguette des plaisirs moins idéalistes, mais de plus sûre succulence. Qui, sauf la police ou le fisc, saurait ici dénombrer les bars étroits comme des couloirs, les tavernes aux belles servantes, les échoppes genre Bodega, où à l'ombre des tonnelets, des compagnies de joyeux drilles, parlant salé et buvant sec, sablent gaillardement le *sakké* national ?

Tout un district de la ville-kermesse est réservé aux cinémas : leurs enseignes de calicot, barrant la rue, s'historient comme de chauves-souris volantes d'hiéroglyphes à la chinoise : des joueuses de samicen et quelques pianos mécaniques ajoutent à la frénésies des drames de l'annonce. Plus discrètes, en retrait, — car en cet aimable Japon, volupté et religion, fumets d'office et patenôtres, bonzes, filles et saltimbanques font le meilleur ménage du monde, — pullulent les maisons de thé.

Toc-toc à la petite porte : les *getas* quittés sur le seuil le cèdent aux sandales de cordes par qui sur les planches de nattes tout heurt s'atténue et s'éteint. A peine si la lucarne, tapie comme un œil en coulisse à l'angle des panneaux de soie, laisse dans un battement d'éventail qui l'apporte à la rue, filtrer un rire de *geisha*...

Mais la nuit tombe : pressons le pas. Tout n'est pas dit du pèlerinage. Dans l'ombre du temple endormi, où miséricordieuse aux humains sourit l'indulgente Kwannon, s'abrite plus qu'il ne se cache le quartier d'amour, le *Yoshiwara*.

Que de contes à dormir debout, que de fables de romanciers, grands voyageurs autour de leur chambre, ce lieu célèbre n'inspira-t-il pas ! Toute une littérature en est née, mondiale, imaginaire. Des myriades de lanternes, dont le vent secouant la flamme fait comme un ballet de phalènes danser les caractères en trois couleurs, signalent à l'étranger cette oasis du divin oubli.

Jadis, c'est-à-dire voici vingt ans à peine, les maisons dans chaque ruelle, pareilles à autant de volières, partageaient leur rez-de-chaussée en cages et stalles grillagées, derrière quoi, fardées et peintes, en d'éblouissants kimonos à ramages, gerbe de roses à la ceinture, coiffure haute, les courtisanes se tenaient, hiératiques comme des idoles. Ces nids d'amour, et leurs oiseaux des îles, offrant leur grâce à tout passant, choquaient si peu que, le dimanche, les bonnes gens de Tokio avaient pris coutume de se les donner comme but de leur promenade, et s'y rendaient même en famille. Heureux temps où la pudeur, article importé d'Occident, n'avait point perverti les âmes !

Mais, depuis, l'Amérique est passée par là : meetings, sermons, bible, armée du salut. La lugubre tribu puritaine des vieilles miss, de Y. M. C. A., des Christian women, des Filles de la Délivrance, insensibles au reproche des mille mains de la déesse Kwannon, a si bien menacé, palabré, ergoté, que les cages, désormais closes, volets tendus, judas tirés ont des façades de sacristie.

La destinée du Yoshiwara n'a pas changé pour si peu : il reste le quartier d'amour. Mais approchez, et en voyant là le type même des grands bouleversements que le Japon accepta du monde dit civilisé, admirez la victoire dont se peuvent flatter les continentes vieilles dames de Chicago et de Boston : à la porte de chaque logis, en place des belles filles, armes parlantes de la maison, trophée galant promis à tout hôte d'une heure, *c'est leur photographie qui s'étale.*

LES QUATRE COLONNES DE L'EMPIRE, OU UNE DÉMOCRATIE FÉODALE

Un matin, à Tokio, comme j'errais à la découverte au long du parc d'Hybia, une sévère compagnie d'hommes, en redingotes et noirs kimonos, défilant le feutre à la main, m'étonna. Des policiers à culottes vertes les encadraient : de tous âges, mêlant aux faces glabres des citadins la barbiche à trois pointes des ruraux, ces passants, que contemplait curieusement la foule, arboraient un même insigne d'or, en forme de Soleil-Levant. Je m'informai auprès d'un officier des gardes : le *yashiki* à l'ancienne mode d'où ils sortaient n'était autre que la Diète, et ce cortège, de députés.

Partisans et leaders du suffrage universel, tous de l'opposition membres du Kenseïkai, à l'heure où la session s'allait clore, ces honorables, comme épanouissement à leur campagne et suprême argument de leurs discours, se rendaient solennellement en pèlerinage au temple shintoïste qui, aux portes de Tokio, abrite la dépouille du très saint empereur Meïdji.

Là, en retrait d'un champ de manœuvres, parmi les érables et les ifs, dort son repos d'éternité, Mutsu-Hito, le maître auguste qui, par les armes et l'esprit, fonda la grandeur du nouveau Japon. De sa tombe, la ferveur publique a fait l'autel même de la patrie. Et ce matin, comme à chaque fois qu'une crise menace l'Empire, peuple et députés, unis en suppliants au pied de sa tablette, venaient sur leur requête juste invoquer l'aide du grand disparu...

Cette rencontre du parc d'Hibya prenait un air de démonstration. Elle me révélait d'un coup, de la plus éclatante façon, deux dogmes d'État : la puissance absolue, fondée sur sa divinité, du Mikado, et en regard l'humilité, pour ne pas dire le néant, de cet article importé d'Europe, le Parlement.

***

Sous la menace des frégates noires du commodore Perry, le Japon, voici 69 ans, a dû s'ouvrir à l'Occident. Rien d'aussi tragique que le dilemme qui alors se posa à ce peuple dont vingt siècles de solitude et de libre destin n'avaient fait que raffermir l'orgueil. Ou l'invasion, et à bref délai une tutelle qui ne serait à la manière de la vieille Chine qu'un dépècement suivi de servitude ; ou s'incliner devant la force, et passant outre toute humiliation, se mettre à l'école des barbares pour les battre de leurs propres armes. C'est à ce dernier parti, brutal, mais le plus noble, que le Japon s'est résolu. Et sa hâte à se moderniser donne bien la mesure du drame intérieur qu'il vécut.

Mais de cette civilisation ennemie, si pour sauver son indépendance, il accepta d'apprendre l'art de la guerre et des armements, les ruses du commerce et l'outillage industriel, il refusa de tout son instinct à permettre que la culture infectât son âme et ses mœurs. Dans ce duel des deux avenirs, c'est sa souplesse qui a triomphé : empruntant à ses maîtres le secret de leurs forces, il a gardé le meilleur de soi. Arts, religion, douceur de vivre, plaisir et rites, tout son passé survit.

En politique surtout s'affirme cette héroïque duperie : comme un vulgaire royaume d'Europe, il s'est créé une diète, il vote, élit des députés, il s'est même octroyé une constitution, mais féodal de toute sa race, discipliné de tous ses fibres, dans le même temps il cimente ses oligarchies, n'obéit qu'à ses clans, divinise ses Empereurs.

Nés de la semence des dieux qui trônent

dans le Takamagahara, *la Plaine Sublime du Ciel,* fils d'Amaterasu, déesse du soleil, le Japon et son Mikado, apparaissant à la même époque, ont la même divine ascendance, et l'un en l'autre se confondent. Le premier Mikado dont la chronique ait gardé mémoire, Jimmo Tanno, régnait vers l'an 660 avant Jésus-Christ : depuis, sans défaillance, sans qu'un sang étranger, en le mésalliant, n'en vînt rompre la chaîne historique, avec une pureté dont aucune famille régnante n'offre un si rigoureux exemple, sa dynastie s'est poursuivie, immuable, en ligne directe, et à cette heure, Yoshi-Hito, dont la chronologie impériale ne connaîtra le nom que sous celui de *Taisho,* ère de la grande droiture, règne par droit divin, comme son héritier par delà vingt-sept siècles.

Telle que le 11 février 1885 la promulgua le prince Ito, la Constitution est formelle : le Mikado règne et gouverne. Il est la source de tous pouvoirs, et la loi n'est que l'expression de sa volonté sainte. C'est lui qui nomme les fonctionnaires, les révoque, fixe leurs salaires : lui qui choisit les chefs militaires, détermine les effectifs, décide de la paix ou de la guerre. Tout gouvernement n'existe que par délégation partielle de sa puissance : aussi les ministres ne sont-ils responsables que devant lui. Il est l'exécutif : il est le bon tyran. Son infaillibilité est un dogme. Il a le droit de dissolution. Il décrète chaque année le budget de l'Empire : la constitution ne peut être modifiée que sur sa propre initiative. Il est la base de l'État : mieux, l'État s'incarne en lui.

***

En fait, de nombreux amendements, dérivés de la force des clans, corrigent ce qu'aurait d'excessif cette souveraineté absolue. Pour la guerre et la marine, par exemple, les ministres ne peuvent être pris que dans les clans Satzuma ou Choshu, et nul ne saurait être élu, s'il n'a le grade au moins de lieutenant général ou de vice-amiral, lesquels grades sont le monopole exclusif des membres de ces deux clans.

Mais surtout, traditionnellement autour de l'Empereur, et souvent par-dessus lui, fonctionne un pouvoir occulte, vraie Chancellerie d'Etat, qui du xve siècle aux temps modernes fut exercé par les Shoguns, et de 1869 à nos jours par le Conseil des Anciens, ou Genro.

C'est le Genro, dont la qualité ni le nom n'ont jamais figuré légalement dans la Constitution, ni aucune archive d'Etat, qui depuis soixante ans a seul fait et défait les cabinets. A coups de lignes et de rescrits, par les écoles et l'Université, inspirant les masses de la nécessité vitale d'être forts, il a ouvert des arsenaux, bâti des forteresses, assemblé des escadres, et exaltant l'idéalisme des deux millions et demi de samouraïs que rendait disponibles la chute de l'ancien régime, fait surgir comme par enchantement une armée et une marine, étonnements du monde. Les conquêtes de Chine, les victoires de Mandchourie, la Corée sont politiquement son œuvre. Et son œuvre aussi, — car ces Sages furent aussi grands dans la paix que dans la guerre, — les kilomètres d'usines et de docks, la fourmilière d'ateliers, de chantiers et de manufactures, et les forges ardentes de Kobé et d'Osaka.

De la mosaïque de fiefs féodaux que leur laissait le Shogunat, les Anciens du Genro ont fait un Empire uni, d'un bloc, d'une seule âme : soutenus par leur Empereur, ils resteront dans l'Histoire comme les architectes du Japon moderne. A l'origine, ils étaient quatre : Okuma, Yamagata, Matsukata, Saïonji. Un seul survit, robuste et toujours sur la brèche malgré ses quatre-vingts ans sonnés, le marquis Saïonji.

Il m'a été donné, en arrivant, d'assister aux

obsèques de l'un de ces grands conseillers secrets, l'avant-dernier, le prince Yamagata. Obsèques nationales, non pas que par l'apparat, les corps d'État en tenue de grand deuil, les prolonges d'artillerie ou la présence du souverain, mais par le concours innombrable de la foule qui s'y pressait.

De toutes les provinces, des moindres îles, par familles, par villages, le peuple était accouru. Le défilé dura tout un jour : l'ouvrier au patron s'y mêlait, le paysan à l'officier. Dans cette affliction qui groupait tant d'obscurs partisans, si éloignés par le pays et le milieu, on était frappé par un même air de discipline, presque de communauté. Le subtil Japonais qui me servait de guide lut en mes yeux quelque surprise. D'un geste embrassant la foule, il eut ce simple mot : « Le clan ! »

Trois des Anciens sont morts : le Genro, qui fut une époque, paraît avoir ses jours comptés. Cependant, à cette heure même, je donnerais bien tous les pouvoirs constitutionnels du président du Conseil, de ses dix ministres, de ses vice-ministres et de sa douzaine de secrétaires d'État, contre la seule occulte influence de cet octogénaire sans qualité, le marquis Saïonji, vivant comme un ermite dans sa maison des champs, aux portes de Tokio.

Dès qu'une décision d'envergure engageant le destin de l'Empire est à prendre, c'est lui qui, mandé au palais, après tous les conseils privés ou de gouvernement, seul face à face avec l'Empereur, fixe les directives suprêmes. On l'a vérifié encore, à Washington, quand l'Amérique, par son veto brutal à l'alliance anglo-japonaise, croyait asséner sur la table de la conférence un coup de poing pareil à un tremblement de terre, ne rencontra que le vide, et où elle attendait au moins de la stupeur, le sourire imperturbable de la délégation nippone. Le vieux Nestor, éventant le piège, avait dès le premier contact câblé allégoriquement : « Hurlez avec les loups ! bêlez avec les moutons ! »

Le marquis disparu, on peut être assuré, le système ayant fait ses preuves et le temps l'ayant revêtu d'un prestige sacré, qu'au Genro, héritier du Shogunat, une autre chancellerie secrète, à deux ou trois, succèdera. Je sais déjà, embusqués dans les ombres de la Cité impériale, quelques hauts seigneurs, chefs de clans, qui s'exercent à cet apprentissage de maires du palais.

Les hommes passent, non l'institution. Puis, dans l'Empire du Soleil-Levant, est-il rien à quoi on tienne plus qu'à ce qui en apparence n'est pas ?

***

Le Mikado gouverne, le Genro conseille. Bon serviteur des deux, le gouvernement exécute. Au-dessous siègent deux assemblées :

la chambre des pairs, et loin, bien loin derrière elle, la Diète.

De la Chambre-Haute, clan uni d'aristocrates, à la dévotion du prince et de ses conseillers, je ne parlerai guère, bien qu'effectivement elle seule possède quelque éclat politique. Sur les 430 pairs qu'elle comprend, un tiers est nommé par l'Empereur : un tiers se répartit de droit entre les grandes familles patriciennes ; pour les sièges restant, ils se distribuent à élections closes, comme s'il s'agissait de candidatures au Jockey-Club, entre les nouveaux nobles créés au temps du Meidji, cinquante pour la classe des comtes, quarante pour les vicomtes, trente pour les barons ; quarante-cinq membres seulement, élus au suffrage restreint, sont choisis parmi les grands propriétaires fonciers et les magnats de l'industrie qui paient les plus hauts impôts.

Quant à la Diète, innovation de complaisance pour amadouer l'étranger, elle s'applique sur le féodal Japon, selon un mot qui a fait fortune, à la façon d' « un simple costume politique de coupe occidentale. » Moins qu'un costume, un travesti.

Pour bon nombre de Japonais et, non des moins libéraux, le Parlement se range parmi les « idées dangereuses », qui pervertissent l'esprit public et préludent à sa décadence. Un éminent historien des mœurs nippones, Mac-Laren, ne craint pas d'affirmer que le gouvernement, appuyé par l'énorme masse paysanne, considère « chaque session de la Diète comme une maladie constitutionnelle qu'il faut souffrir, mais dont on doit le plus possible abréger la durée (légalement trois mois par an : en pratique, deux mois à peine). La Chambre se réunit trois fois par semaine, de 1 heure à 4 heures. Les sessions de plus de quarante jours sont l'exception. Une séance qui dure jusqu'à 6 heures soulève les commentaires de la presse pour sa longueur démesurée. »

Cinq cents députés environ la composent,

élus tous les quatre ans sous le double régime du cens et de l'arrondissement. Avant 1889, il fallait, pour être électeur, payer au moins 15 yens d'impôt annuel, ce qui ne favorisait guère, vu l'indigence d'alors, que 300,000 citoyens. En 1900, le cens, abaissé à cinq yens, puis à trois en 1919, a popularisé ce privilège.

Passionnées et coûteuses, portant non sur des programmes d'idées, mais sur des rivalités de personnes, les campagnes électorales, menées clan contre clan, se déroulent dans l'indifférence générale. Corruption et vénalité, comme dans les sotties du moyen âge, sont les figures allégoriques qui président à ces jeux du forum. Le bulletin de vote, tel une denrée, s'achète à guichets ouverts. Candidats et électeurs, héritiers en cela des traditions de la vieille Chine, traitent la politique, non sous l'angle du sentiment, mais en affaire où tout scrupule joue le rôle de poids mort. Moyen gratuit de bambocher, elle n'est pour ceux-ci qu'un légitime trafic d'influence ; pour ceux-là, qu'une lucrative carrière, à la solde du gouvernement, dont il convient d'autant plus vite de tirer ses fruits qu'elle est par essence à court terme, et instable. Le pot-de-vin s'incorpore si ouvertement aux usages parlementaires qu'une année on a pu voir un député du groupe progressiste (la gauche radicale d'ici), Koyama Kimnosuké, *dénoncer à la tribune, puis poursuivre devant les tribunaux, la société cotonnière qui, l'ayant acheté, refusait de lui régler l'intégralité de la somme convenue.*

Je ne me risquerai pas dans le détail des partis : les Japonais eux-mêmes, sauf quelques professionnels, ayant renoncé à trouver le mot de ce rébus. Trois, cependant, tiennent la scène : le *Seiyukaï*, fondé en 1900 par le père de la Constitution, le prince Ito, pépinière de vice-ministres et de secrétaires d'État, convives de l'assiette au beurre, majorité toujours acquise au Cabinet en exercice ; le *Kenseïkai*, qui, accueillant les libéraux, les mécontents et quelques idéalistes, figurent l'opposition ; flottant entre les deux, tel le Marais de la Convention, mou et flou, le *Kokuminto*, né en 1910, et qui s'intitule, — comme si les deux autres ne l'étaient pas autant que lui, — nationaliste. Sous ces étiquettes en trompe-l'œil, deux groupes en réalité s'affrontent : amis ou adversaires du gouvernement.

***

Comment s'analyse d'ailleurs cette représentation, dite nationale ? A la base, un collège électoral, aux trois quarts fourni par la classe des paysans, lesquels fermés à toute propagande, emmurés dans leurs traditions, se défiant de la politique comme d'un piège des gens de ville, ne pratiquent, en fait de principes, que le culte de l'empereur, et le respect à l'antique du système familial :

au-dessus, désaffection de la bourgeoisie et de la haute banque, qu'intéresse seule la Chambre des Pairs, et aux cimes, mépris total de la noblesse.

Le scrutin, comme un butin offert au plus hardi, ne saurait donc appartenir qu'à quelques factions résolues, aux risque-tout, à une poignée d'ambitieux à tout faire. Sans doctrines, ni passé, sans assises dans le pays, les partis n'existent ainsi qu'à *l'état de bandes*. Leurs adeptes sont des partisans : partageant la fortune d'un chef, ils se ruent à sa suite à la curée des sinécures. Leurs relations, celles de vassaux à seigneur, relèvent de la pure féodalité. Nulle race d'ailleurs moins individualiste que la japonaise : le clan est la formule d'instinct social. Qui s'étonnerait ici de son triomphe dans la vie publique ?

Impure dès sa naissance, et ne faisant à chaque session qu'aggraver son mal originel, la Diète poursuit sa languissante vie de Parlement-fantôme. Saurait-on dire qu'elle est discréditée, elle qui n'eut jamais de crédit ? Les lois qu'elle propose ne sont rien sans la sanction impériale; s'agit-il de réformes graves, c'est le Genro en conseil privé, et le gouvernement par décret, qui s'en réservent l'initiative. De l'armée et de la marine, elle ne sait que les dépenses; de la diplomatie et des problèmes extérieurs, que ce que lui apprennent les gazettes.

Elle n'a même pas ce privilège essentiel, sans quoi toute représentation nationale n'est qu'un leurre : le contrôle des finances, et la libre fixation de l'impôt. Chaque an, à la dernière semaine de la session de mars, le budget lui est présenté; mais elle n'a que trois séances de quatre heures pour en examiner les cent et un chapitres, discuter les milliards qu'il comporte : autant dire qu'elle n'en connaît que comme d'une note forcée à signer.

Ses droits, réduits à la portion congrue, ses pouvoirs pesés au compte-goutte, n'en n'ont guère, en dernier ressort, qu'une Chambre d'entérinement. J'ai dit les prérogatives de la Couronne : que lui reste-t-il en regard ? Des vœux platoniques, ou si quelque esprit de fronde l'anime, une stérile agitation. En ce cas, on la traite en vrai parlement ; on la dissout. C'est, je le crains fort, à en croire la statistique qui est d'une Diète dissoute sur trois, la fin qui guette celle d'aujourd'hui.

Quand on assiste à quelque séance et qu'on a la bonne fortune d'avoir pour guide un franc compagnon qui ne lie pas à les ombres le point d'honneur de l'Empire, on reste confondu de la médiocrité du milieu et, fonds et forme, de la niaiserie des débats. Déclamation dans le vide, grandiloquence de fête foraine, ignorance et vanité : que voulez-vous qu'ils fassent, ces mandataires du peuple à 2,000 yens par an ?

Heureux si votre zèle se trouve récompensé par quelque intermède tragi-comique, comme celui qui marqua le dernier jour de la session de mars : en pleine discussion, et ma foi, assez vive, du suffrage universel, on vit tout à coup, sur la plus haute travée de gauche, un honorable de province, à bout d'arguments et de fureur, se dresser à son banc, et dénouant le mouchoir éclatant, le *furushiki*, qui, aussi classique au Japon que le kimono, sert aux écoliers d'écritoire, au bureaucrate de chemise, à la coquette d'arsenal à poudre et aux députés de serviette, *en extraire un serpent vivant*, que depuis une heure il gardait réchauffé dans son sein, le brandir comme un fouet, puis, d'un poing viril, sous les yeux des ministres stupéfaits — car ici le gouvernement siège, non dans l'hémicycle, mais des deux côtés du président, face à l'assemblée — le jeter à son contradicteur qui tenait alors la tribune. Cinq minutes de fol vacarme, suivies de ce qu'on nomme en jargon d'*Officiel*, « une émotion prolongée ». La séance dut être vés. Du serpent à sonnette comme élément d'obstruction, voilà qui, au moins, a le mérite de l'inédit et que je livre à titre gracieux à nos stratèges du Palais-Bourbon.

***

Tout est à refaire : l'éducation des électeurs et la moralité des candidats. On m'assure qu'offusqué de l'indignité de cette chambre basse, les intellectuels de la jeune génération et l'élément samouraï se proposent, aux élections prochaines, de descendre dans l'arène. Puissent-ils auréoler de quelque prestige et infuser d'un sang nouveau cette Diète aux 500 fantoches qui, à sa soixante-dixième année d'existence, n'a pu encore dépasser le stade de *la clique*.

En marge du gouvernement et des Chambres, vraie citadelle de forces neuves, colonne de l'Empire, se dresse la bureaucratie. Rien de commun avec celle d'Europe M. Lebureau ici a droit à tous les respects.

Deux qualités le caractérisent : jeuness et initiative. Dès qu'on entre en quelqu ministère, on est frappé, là où en Occiden on a coutume de ne découvrir que vieillard essoufflés et Gérontes désabusés, de vo combien les postes les plus délicats, les pl hautes fonctions, sont assumées par d chefs de 30 à 40 ans, jugement vif, parl net, prêts à toutes les responsabilités.

Le personnel partout est de choix : sélec tionné par de sévères concours d'où tou favoritisme est banni, spécialisé par un en traînement intensif, bien payé, stimulé p d'importantes gratifications en argent des titres de noblesse qui vont normale ment jusqu'à la vicomté et à la pairie, se recrute parmi l'élite, sans souci de clas à la valeur ; et l'on peut affirmer que, de l'a cienne caste des samouraïs, tous ceux q ne sont pas allés à l'armée et à la mari se sont donnés à la bureaucratie comme un meilleur moyen de servir l'empereur.

Le secret de sa force, c'est que récente en date, née avec le nouveau Japon, elle ne s'embarrasse d'aucune de ces routines particulières aux vieilles civilisations, ni de ces règlements-tabous, fondés sur le passé, qui, chez nous, engourdissent et stupéfient les meilleures volontés. Certes, l'esprit de clan ne saurait l'ignorer, mais élargi, purifié, il y joue le rôle bienfaisant d'animateur. Le rouage est neuf, comme les hommes : place au talent, d'où qu'il vienne, il n'est pas de petite tâche, la récompense égale à la sanction, voilà de ses principes. Aussi y circule-t-il une assurance, une allégresse dont nous sommes déshabitués.

Réserve de techniciens, écoles d'hommes d'État, c'est en elle que la Couronne et le Genro recrutent leurs plus fidèles collaborateurs : elle est le soutien obligé de tout gouvernement.

Sa discipline et son rendement ont fait l'éclat des délégations nippones aux Conférences de Paris et de Washington. Un des plus remarquables observateurs du Japon moderne, M. Hovelacque, a pu écrire fort justement que la bureaucratie « a été le cerveau et le système nerveux du Japon pendant sa transformation ». C'est encore plus vrai aujourd'hui. Voulez-vous quelques exemples de la manière dont elle entend son sacerdoce d'État ? Une semaine avant l'arrivée du maréchal Joffre, des affiches apposées dans chaque district de Tokio appelaient les habitants à des réunions qui se devaient tenir, ici dans un théâtre, là dans une arène, ailleurs sur le parvis d'un temple.

La foule vint, abondante. En présence de ce public sensible, mais ignorant des détails de la campagne de France, quelques jeunes fonctionnaires du Gaimusho (quai d'Orsay d'ici) et des services civils de la guerre, l'un ministre plénipotentiaire de

2e classe, un autre à rang de consul général, un troisième breveté d'état-major passé dans l'administration, exposèrent chaleureusement, en d'étincelantes causeries, la carrière du grand soldat qui allait être l'hôte du Japon, des traits de sa légendaire simplicité, et les raisons pourquoi le Yamato devait l'honorer comme un de ses héros.

Autre exemple : quand de Washington arriva, à l'adresse des grands journaux, le câble concernant la réduction des flottes, le gouvernement, craignant qu'un émoi dangereux ne vînt troubler l'âme populaire, résolut de parer au coup : en vingt-quatre heures, des salles sont réquisitionnées, des appels placardés sur les murs de la ville, des meetings d'après-midi et du soir s'organisent. Une nouvelle équipe du Gaimusho, où l'on distingue de jeunes conseillers d'ambassade, chefs et sous-chefs de la propagande, se donne à l'urgente mission d'éclairer l'opinion publique, de justifier les sacrifices que pour la paix du monde doit consentir la patrie japonaise. Les orateurs improvisés parlent si éloquemment, avec une si persuasive conviction, que des chambrées de 10.000 auditeurs les acclament : l'ordre est sauf. Où, je vous le demande, dans notre vieille Europe, trouveriez-vous de tels dévouements bureaucratiques ?

Telle est, esquissée à grands traits, l'armature du Japon au vingtième siècle : féodale et démocratique, unissant l'esprit du plus lointain passé aux audaces les plus modernes, mosaïques d'oligarchies, autocratie libérale à Parlement purement nominal, bureaucratie ouverte à tous les mérites, régime d'ordre fondé sur la famille et sur le clan, étayant la sagesse des vieillards sur l'énergie des jeunes, et de haut en bas cimenté par la dévotion à l'Empereur.

Au seuil de l'immense Asie, face au chaos de la vieille Chine, elle se dresse comme ces portiques à trois frontons qui gardent ses pagodes : hautaine, massive, harmonieuse, et d'un granit qui défie les hommes et le temps.

LE PREMIER MINISTRE, VICOMTE TAKAHASHI, DANS SA PETITE MAISON D'AKASAKA.

Lasse du morne hiver des steppes sibériennes, cette nuit-là, venant de Mandchourie, la tempête de neige a passé le détroit. A la vitesse d'un typhon, lâchant ses blancs lévriers à travers l'archipel, elle a couru d'Ouest en Est, et pris Tokio pour cible. La ville, à l'aube, s'est éveillée, pâle, sous trois pieds de givre. Jardins et toits sont une leçon de beauté. Tout Tokio met le nez aux fenêtres. Et c'est, pour les connaisseurs, le paysage rituel qui sert de cadre aux tragédies classiques du cycle Nô.

Le même soir, au coup de 5 heures, longeant les remparts de la Cité impériale que le crépuscule bleuit comme des gorgerins d'acier, je me presse au rendez-vous du président du Conseil.

C'est là-haut, sur un des rares monts oubliés des trams, dans l'aristocratique quartier d'Akasaka. Le vigoureux *kuruma*, qui tire mon pousse, aux deux lucarnes de mica, vraie gondole montée sur roues, arbore la noire livrée au chiffre du *Gaimusho* (Quai d'Orsay).

Quoique à un degré subalterne appartenant à la carrière, cet obscur serviteur ne se croit pas tenu à un mutisme exagérément diplomatique. Et tandis qu'au long des ruelles en chemins de ronde nous avançons, lui trottant l'amble humain, moi emmitouflé d'une fourrure de chat sauvage, il s'avise parfois de stopper et, en poète, de signaler d'un geste au barbare que je suis, la grâce d'un rameau de cèdre ourlé de neige, ou dans une trouée du parc impérial, une pagode shintoïste qu'enchâsse exactement la perspective de son portique laqué or et rouge.

Une grille est passée : le sable crisse sous les caoutchoucs du pousse. Nous voici dans la place.

C'est un pavillon à perron de marbre et toit d'ardoise, humble, dont tout l'orgueil se résume en ce jardin aux belles allées qui l'enveloppe d'un manteau d'arbres : imaginez, tiède, secrète, une petite maison d'Auteuil. Ici, plusieurs fois la semaine, siègent les Conseils des ministres : ici le chef de gouvernement accorde ses audiences, fixe ses instructions, médite ses réponses aux orateurs de la Diète. La vie publique du puissant Japon est pour une bonne part enfermée entre ces quatre murs d'ermitage.

Le salon, où en compagnie de l'aimable conseiller Matsou-oka, j'attends le Premier, ne dépasse pas l'élégance d'un hôtel de bonne bourgeoisie. Des branches d'érable, des troncs de chênes-nains flambent et craquent sur des chenets. Un paravent de soie où s'ébrouent de blanches cigognes met seul en ce lieu quelque couleur locale. Sur le marbre de la cheminée, un cartel XVIIIe, au goût chinois, voisine avec une idole hiératique, d'or déteint, Benten, déesse de la bonne fortune.

Une tenture est soulevée : trapu, robuste, alerte malgré ses 71 ans sonnés, le vicomte Koreiyo-Takahashi, membre de la Chambre des Pairs, ministre des finances, président du Conseil, paraît.

Sa politesse raffinée, la discipline de ses gestes, son allure fière et aisée sont caractéristiques de sa race ; on sent qu'en ses veines coule du sang noble de samouraï. Il porte une impeccable redingote dont les revers de moire s'ornent, à droite, d'un bouton à diamant, insigne de la Chambre-Haute, à gauche d'une rondelle mi-partie rouge et blanc, le plus haut grade dans l'ordre du

Soleil-Levant. Le sourire de ses yeux se voile derrière des bésicles à monture d'or. Il s'exprime d'une voix onctueuse, à petites phrases lapidaires, sans presque remuer les lèvres, sans éclat, avec de brusques silences, comme s'il calculait des chiffres.

Qui soupçonnerait que ce très grave Pair, un des plus puissants banquiers de l'Empire, grand coureur de continents, subtil placier en emprunts d'État, ait connu une orageuse jeunesse et une vie riche en aventures ? Cinq fois ministre, c'est à la fois la faveur impériale, le choix raisonné du Conseil des Anciens et l'opinion publique, qui le désignèrent, fin octobre, au lendemain de l'assassinat du président Hara, comme chef du gouvernement. Un grand diplomate d'affaires, telle est en dernière analyse sa qualité d'homme d'État.

Quoique fervent ami de la presse, et en moderne politicien sachant jouer de ce quatrième état, le président Takahashi craint les pièges de l'interview. Une phrase mal interprétée est si grosse de conséquences, surtout en ces temps d'internationale nervosité ! Faisant cependant exception à sa règle de prudence, le premier ministre n'a point voulu décevoir un reporter, venu pour le consulter, de l'autre versant de la terre. J'ai dû formuler par écrit mon questionnaire. Après y avoir répondu verbalement, et fait traduire ses réponses, le président m'a remis cinq feuillets sur parchemin, dont les caractères tracés en deux encres, au pinceau, sont la fleur de notre entretien.

***

Échange de politesses, remerciement, souhaits de bienvenue, puis l'interview entrant *in medias res* traite de Washington et des bienfaits de la conférence.

« Le fait que toutes les puissances conviées à Washington désiraient sincèrement la paix et voulaient d'un même esprit pratique collaborer à l'établir pour tous, ne pouvait que séduire le Japon. La conférence, à ce point de vue, n'a pas déçu nos espérances. Notre pays, comme le monde entier, y a contracté une assurance d'avenir.

« Il en est des États comme des individus : ils ne sauraient poursuivre leur destin, travailler au bien commun de l'humanité, même simplement vivre, hors d'un minimum de sécurité. Une inquiétude de tous les instants, l'état d'alerte, un perpétuel qui-vive sont autant d'impossibilités pour le libre développement d'un peuple. Qui veut l'équilibre intérieur doit s'affranchir de ces angoisses extérieures. Avant la conférence, des deux côtés du Pacifique, nous avions l'esprit aux aguets, les nerfs tendus. Cette fièvre maligne est tombée aujourd'hui : là, fut le premier bienfait de Washington.

« Un second avantage que le Japon a marqué à sa grande satisfaction, c'est qu'il s'est assis à la table de la conférence, et a parlé à égalité avec les grandes puissances du monde : le voilà puissance contractante de l'alliance à quatre. Il peut désormais s'organiser, vivre, grandir, coopérer au progrès humain, sans susciter de méfiance, ni rien abdiquer de sa conscience propre.

« A votre délicate question : « Comment les Japonais ont-ils accueilli les décisions de Washington ? », je veux répondre sans détour. Cette conférence des Etats souverains ayant pour but sincère la paix durable du monde, il serait vain de mettre en parallèle le succès ou l'échec des intérêts particuliers d'un seul.

« C'est ici qu'il convenait de témoigner d'un esprit large et du plus haut désintéressement.

« Nos réels sacrifices, l'esprit d'extrême conciliation que nous avons manifesté à Washington ont d'abord désolé notre peuple. Il n'y a vu au premier moment qu'un amoindrissement de sa force, si chèrement acquise.

A sa place, j'aurais pensé de même. Mais à la réflexion, quand il a compris de quelle somme d'abandons particuliers, de sacrifices individuels se paie la paix pour tous, il s'est incliné de grand cœur. Cette victoire de l'opinion publique sur elle-même m'a été une cause de secrète fierté.

***

« Le pacte de Washington signé, si quelque nation prétendait s'opposer au libre et fatal essor du Japon, que signifierait cette attitude, sinon qu'elle nous dénie le droit à la vie ?

« Le souci du Japon de trouver pour ses fils trop nombreux des débouchés et des moyens de vivre, n'est plus un problème extérieur, de politique internationale ; qui oserait sans mauvaise foi y lier le sort de la paix ? Vous qui venez dans notre pays avec le noble désir d'étudier ses mœurs et ses destinées, je suis persuadé qu'avant peu, à l'examen des faits, vous ne tarderez pas à partager cette opinion. Le maintien de la paix en Extrême-Orient ? Ce n'est pas de nous qu'il dépend, mais des desseins et de la conduite des autres membres de l'alliance.

« Washington a créé un fait diplomatique nouveau : une alliance où France et Japon se trouvent associés. Ce que la guerre créa par exception, l'état de paix l'étend et le confirme. Je ferai d'abord remarquer qu'à aucun moment de leur histoire, France et Japon n'ont connu de conflits d'intérêts. Bien mieux, nous ne saurions oublier, ici, lors de la guerre russo-japonaise, les marques de sympathie et la judicieuse compréhension que nous témoigna votre peuple. Cette attitude chevaleresque vit toujours dans nos souvenirs. J'ai foi en une étroite entente franco-japonaise, de proche et durable avenir.

« Mais pour y plus vite arriver, il ne faut pas s'en tenir à la méthode diplomatique. Il importe que, réciproquement, nous nous connaissions mieux : nous devons de façon suivie cultiver nos relations. Nos deux peuples sont prêts à s'entendre : ils ont des points communs de sensibilité, et les mêmes principes de bravoure et d'honneur. Mais, du moins, faut-il qu'ils le sachent. Intensifions nos propagandes : visitons-nous, échangeons des missions d'études, dissipons les mauvaises légendes.

***

« Une des conséquences de la grande guerre qui ont le plus vivement touché le Japon, c'est l'échec total et la destruction du militarisme à la prussienne. Parce que le destin et les dieux ont voulu en ces derniers trente ans que nous fassions par trois fois appel à la force de nos armes, il s'est établi par le monde l'opinion que les Japonais étaient de furieux militaristes et ne rêvaient que batailles. Quand vous étudierez notre histoire, et dans nos livres et chroniques revivrez notre passé, vous verrez combien à l'excès le Japonais aime la paix ; à l'excès, je dis bien le mot. Nous sommes pacifiques dans l'âme : nous chérissons la paix comme la condition essentielle du bonheur. Ceux qui ont tissé la légende contraire étaient de mauvaise foi.

« Quand l'Empire d'Allemagne, à son apogée, entretenait l'Europe d'un tumulte guerrier, ici, au Japon, nous en éprouvions par contre-coup une impression d'étouffement. Un doute nous gagnait : est-ce cela, l'idéal inhumain de l'Occident ? L'écroulement de l'impérialisme allemand a été ressenti par notre peuple comme une libération.

« Et il y a ceci encore : la présence du Japon à Versailles et à Washington, l'appel fait à notre collaboration pour établir un ordre nouveau, nous ont donné le sentiment, qui nous faisait jusqu'ici défaut, d'obligations internationales, d'une conscience solidaire du restant du monde. Maintenant que nous sommes entrés dans la grande famille humaine, nous avons assumé des devoirs correspondants : le premier, le plus impérieux, n'est-il pas de toutes nos forces la défense de la paix ?

***

« Pour raffermir l'amitié franco-japonaise, il est un point de liaison naturel : l'Indochine. Par elle, la France a des droits sur l'équilibre du Pacifique. Je voudrais qu'il s'établît entre votre grand dominion et notre Empire un plus étroit rapprochement. Maintes fois, j'ai déclaré à la Diète et dans la presse mon grand désir entre nos deux terres d'Asie de nouer de plus intimes relations économiques.

« Le Japon, à cette heure, est le seul pays allié qui, en Indochine, ne jouisse pas du traitement de la nation la plus favorisée. Cet oubli est l'œuvre du passé, du temps où nous ignorant, vous ne nous aviez encore éprouvés ni compris. Je serais heureux, pour commencer, d'accueillir ici une mission indochinoise, formée sous l'égide des plus hautes autorités, de commerçants, grands colons, industriels, grands riziers, qui étudieraient sur place, en toute liberté, la vraie figure du Japon, notre caractère, nos coutumes, nos besoins, les débouchés qu'aux deux pays nous pouvons assurer.

« A ce loyal examen, nous ne pouvons que gagner. Une franche discussion d'hommes d'affaires fait souvent plus et mieux que de longs pourparlers entre gouvernements.

***

« Notre entretien s'achève à l'heure où le maréchal Joffre vient de quitter la terre nippone. Nulle visite ne pouvait nous émouvoir davantage, et mieux servir à ces amicales relations que nous voulons nouer.

« Ai-je à vous dire l'affectueux enthousiasme que suscita le grand soldat, dont le génie militaire n'a d'égal que la modestie ? En sa personne, notre peuple a retrouvé l'image de ses héros et senti grandir son admiration pour la France. Retenez qu'à travers tout le Japon la réception grandiose faite au maréchal n'était pas une politesse de commande, ou l'effet d'un adroit protocole : spontanément, la foule est accourue, mêlant toutes ses classes, tous ses âges, pour acclamer le sage et patriarcal guerrier. Derrière les honneurs qu'on décernait à l'homme, ce à quoi notre peuple ne cessait de songer, c'était aux sacrifices de votre patrie, à son esprit d'abnégation, aux souffrances qu'elle endura pour le triomphe du bon droit, à sa victoire qui, étant son œuvre, affranchissait le monde entier. Quelle race mieux que la nôtre pouvait sentir la noblesse d'un tel stoïcisme ? Aussi laissez-moi vous le dire au nom de tout mon pays, c'est du fond du cœur que pour la grandeur de la France ont jailli nos vivats ! »

Ainsi me parla Son Excellence le vicomte Korékyio Takahashi, président du Conseil. Une anecdote termina l'entretien. Les enfants nippons, dans leurs jeux d'écoliers, aiment à se parer du nom des héros nationaux : l'un est Nogi, l'autre Togo. Depuis la visite du maréchal, tous prétendent se nommer Joffre.

LES VENDEURS DE LECTURES

De toutes les nouveautés que, pour se mettre au goût du temps, l'Empire du Soleil-Levant importa de la vieille Europe, il n'en est point autant que la presse qui, plus vite entrée dans les mœurs, ait connu si haute fortune.

Récente à peine d'un demi-siècle, elle joue dans la vie nationale un rôle de premier plan. Force neuve que n'encombre pas la discipline des traditions, plus puissante que la Diète, plus directe que la bureaucratie, elle s'inscrit dans l'armature féodale de l'Empire comme un clan redoutable, aux caprices d'enfant terrible, avec qui tout gouvernement, les castes, les partis, jusqu'aux plus saintes institutions, doivent compter. Chaque jour la grandit en nombre et influence : elle forme le quatrième état.

Ses conquêtes sont à deux fins : en tant qu'industrie, chargée de vendre des nouvelles, ou de commerce reconnu d'annonces et de publicité, elle a si magnifiquement réussi que, seule dans la tourmente économique qui autour d'elle ébranle tout, poursuivant sa marche ascendante, elle étend son marché d'affaires, se bâtit de somptueux hôtels, perfectionne son outillage, et dans le même temps augmente et ses pages et ses dividendes; en tant qu'éducatrice des foules, miroir des faits et de la vie, champ de bataille des idées, elle ne se contente pas de guider l'opinion publique, elle la crée, et du domaine spéculatif passant à l'action politique, façonne et de plus en plus dirige la conscience du nouveau Japon.

Nul terrain n'était plus favorable à son

avènement ; avide de s'instruire, pressé de racheter par une culture intensive son ignorance de l'humanité, le Japonais, au terminus du monde, a faim de tout connaître, et tandis qu'autour de lui d'autres peuples vivent et pensent, de s'initier à leurs rêves et d'explorer leurs destinées. Assez de cette quarantaine orgueilleuse qui dura trop de siècles ! Le journal, avec ses informations, ses reportages, ses câbles, ses correspondances, chronique de sa terre et du monde extérieur, lui sera cette nourriture spirituelle. Il va si fort y prendre goût qu'il ne pourra plus s'en passer. Et de mode, imitée d'Occident, puis d'habitude, voici le quotidien passé à l'état de besoin.

Si l'on néglige ces feuilles volantes du commencement du dernier siècle, les *Yomiuri* (le Vendeur de lectures), qui, relatant les nouvelles de la Cour, les incendies, les mariages, les fredaines sentimentales des damyos à la mode, étaient pour quelques sen, selon leur titre, vendues et commentées par des crieurs de rue, on peut dire que le premier journal japonais, le *Nishin-Shingishi*, fut fondé en 1872, par John Black, Anglais de Yokohama.

Ce n'est pas des pouvoirs publics que vinrent les encouragements : au premier éditorial, le directeur, arraché de vive force du milieu de ses presses, est jeté en prison ; la gazette, suspendue, est condamnée à la forte amende. Ces vexations, cependant, la lancent. Cinq ans plus tard, en la même ville d'avant-garde, un concurrent se dresse, le *Mainishi-Shimbun* (les nouvelles de chaque matin). Osaka, puis Tokio, puis Kobbé, Nikko, Nara, se piquent d'émulation ; en quatre ans, cent journaux sont nés. En 1877, le plus lu tirait à deux pages et 10.000 exemplaires ; à cette heure, le Japon compte plus de 3.000 publications, dont un millier d'hebdomadaires, bi-hebdomadaires, quotidiens. De ces derniers, une centaine à dix et douze pages tirent à plus de 200.000; huit à dix atteignent le million.

Osaka et Tokio sont les deux grands centres journalistiques de l'Empire : ici, d'informations économiques et industrielles, presse pour businessmen et corporations, là, de politique, d'art, de vie mondaine et sociale, de pur reportage. C'est des journaux de Tokyo que je parlerai, n'ayant eu le loisir de n'étudier que ceux-là.

Douze grands quotidiens, sur cent vingt qui s'éditent ici, se disputent les faveurs du public. Parmi les plus répandus, dépassant les 500.000, je citerai : l'*Asahi* (le Soleil-Levant), spécialiste des questions extérieures, qui correspond au *Times* ou au *Temps*; le *Nichi-Nichi* (Au jour le jour varié), populaire, éclectique, publiant contes, photos, romans de chevalerie, qu'on pourrait comparer au *Daily Mail* ou au *Journal*; le *Jiji* (le Temps), d'une lecture sévère, dogmatique, doctrinaire, genre *Débats;* le *Kwanpo,* journal officiel ; le *Yomi-uri*, déjà nommé, littéraire, mondain, traitant des élégances et de la Cour, frère du *Figaro* ou du *Gaulois;* le *Kokumin* (le National), irrespectueux des pouvoirs établis, gouvernemental quand il lui chante, frondeur et sarcastique, genre *Matin;* le *Mainishi* (le quotidien), touffu de mille nouvelles grossies au microscope, ami des masses, touche-à-tout, type *Petit Parisien ;* le *Nihon* (le Japon), conservateur à tous crins, défenseur agressif de l'ordre et de la tradition, grand pourchasseur de scandales, telle l'*Action française*, si un matin le Roy...

Dans l'ombre de ces tanks, court, bondit, se faufile l'escadrille légère des feuilles pittoresques, tels le *Yorozu-Choho* (les dix mille nouvelles de la capitale), le *Niroku* (le 26), nourri d'épigrammes, d'échos pétillants, et de sous-entendus, à la manière du *Cri de Paris;* et de gazettes de combat, comme le *Hochi* (le Héraut), organe du Kenseïkai, parti d'opposition qui correspond à notre plus pâle radicalisme, ou le *Chiro* (le Centre), tribune du Seiykaï, parlementaire, gouvernemental, dévoué à la haute banque, ami de l'armée, de la magistrature et du clergé. Mentionnons enfin pour mémoire deux grands quotidiens de langue anglaise : le *Japan Advertiser*, à 18 pages, et le *Japan Times*, à 16, qui ont enrôlé à la solde de l'Amérique la francophobie qu'avant-guerre ils mettaient au service de l'Allemagne.

Tous ces journaux sont à double édition : une du matin, l'autre du soir. L'article de tête, ou leader, traite invariablement de politique intérieure; suit parfois un éditorial sur la politique étrangère. Les informations abondent : crimes avec enquêtes, faits du jour copieusement relatés, déplacements officiels et visites d'hôtes illustres avec portraits et photos documentaires, chronique de la ville, interviews, procès, accidents. Les nouvelles du monde extérieur sont fournies par Reuter et l'Associated Press, et l'agence japonaise Kokusaï. Les grands journaux que j'ai cités entretiennent chacun un correspondant spécial à New-York, dans les trois grandes capitales d'Occident, Paris, Londres, Berlin, et pour la Chine, à Pékin et Shanghaï.

Quand un événement mondial, comme la guerre, une révolution, quelque conférence genre Paris, intéresse les destinées de l'Empire ou passionne l'opinion publique, c'est alors entre journaux un tournoi d'informations, une bataille sans merci, qui se traduisent par la mobilisation de véritables équipes d'envoyés spéciaux et une pluie de câbles sensationnels.

Pour prendre deux récents exemples, *Asahi* (le Soleil-Levant) ne comptait pas moins de huit représentants à la conférence de Paris, et de six au dernier concile de Washington. Entre temps, des reporters errants courent la vaste terre pour renseigner leur public sur les faits et gestes de l'humanité ; ainsi l'Irlande et l'implacable guérilla du Sinn-Fein ont été, durant des mois, suivis comme un feuilleton vécu, puis le mariage de la princesse Mary ; les Indes l'emportent aujourd'hui comme brûlante actualité. Les arts, les lettres, le cinéma ont leur page quotidienne ; les sports, depuis la guerre, atteignent à la demi-page.

Une des rubriques les plus goûtées, à quoi même le plus grave journal ne saurait se soustraire, effroi des grands, régal du populaire, c'est, en place d'honneur, les deux colonnes à potins : un véritable jeu de massacres. On y persifle tout et tous. Plus croustillante est l'anecdote, mieux elle plaît ; plus notoires les héros, plus l'aventure réjouit. C'est le triomphe du fait divers sous le manteau. Gare à qui alimente ce chapitre des mœurs secrètes !

Un haut personnage de la Cour change-t-il de maîtresse ? Il est tout au long expliqué le pour qui et le pour quoi du caprice, et l'âge, l'ascendance, la carrière amoureuse, avec photographies à l'appui de la nouvelle favorite; quelque interview corse parfois ces notes qui, ailleurs, ne relèveraient que de la fiche anthropométrique. Quelques Excellences, comme cela se fait ici couramment, décident-elles à quatre ou cinq de tenir un de leurs Conseils privés dans quelque aimable maison de thé, le gazettier ne se prive pas de citer les *geishas* présentes, — les geishas sont aux ministres japonais ces Égeries que sont aux nôtres les sociétaires du Français, — de décrire leurs costumes, les bons mots des convives, les cadeaux échangés, le menu des danses ou de la godaille, et le nombre scrupuleusement exact de fioles de *sakké* (eau-de-vie de riz) décoiffées pour la mise au point de ces ardues questions d'État.

Un nouveau riche, de ceux qu'on nomme, emprunté au langage du jeu d'échecs, les *narikin*, vient-il, dans un coup de bourse, de réaliser quelques nouveaux millions, on s'empresse, par contraste, de retracer ses temps difficiles, de confronter à son palais présent son loyer d'autrefois, d'éplucher sa parenté, ses relations, pour en flèche du Parthe lui fournir une liste complète des gentes filles sans protecteurs, qui en l'initiant, lui et sa légitime, aux secrets du bon ton et de l'art de plaire, sont prêtes à remettre en circulation un argent si mal acquis.

Pas de mari trompé, pas d'amant éconduit, s'ils sont de qualité, qui ne trouvent tout vif imprimées les raisons de leur mésaventure, noms, lieux et heures en toutes lettres, et l'image de leur rival. Les scandales de palaces, ceux surtout comme l'Impérial, réservé à la colonie étrangère, forment les morceaux de choix ; quelle aubaine si les personnages appartiennent à la *gentry* ou au corps diplomatique ! Le valet d'étage est alors interviewé, le chasseur même dit son mot, et c'est en littérature d'office un chapitre tout cru servi de l'histoire des Honnestes Dames.

Quelque membre de la Chambre des Pairs, banquier ou grand bourgeois vient-il à tomber malade, on discute publiquement son cas, on énumère ses médecines, et son mal est si bien décrit, avec un tel luxe de précisions et de termes techniques, qu'il ne pourrait chez nous trouver place que dans la presse médicale. Des enquêtes s'ouvrent parfois, où la satire le dispute au cocasse : à quelle heure, le matin, par exemple, les directeurs, chefs et sous-chefs du ministère de la justice se présentent-ils à leurs bureaux, et lequel d'entre eux, par son zèle et son dévouement à la chose publique, mérite-t-il un avancement ?

Contre ces faquins de libellistes, ces grimauds d'échotiers, que de bastonnades au goût du XVIIIe, allez-vous penser, que de procès en diffamation ! Point. Chaque victime a le bon esprit de souffrir en silence pour ne pas devenir la cible des feux de salve convergents, et tel dont on rit aujourd'hui se console à songer que des autres il rira demain.

Cette formule de journalisme, transplantée en ligne directe d'Amérique, correspondait d'ailleurs à un goût de malice, à un besoin de brutale franchise, propres à l'homme du Yamato. Tout journal, digne de ce nom, a sa colonne pour la morale, son autre pour la gaudriole : ceci équilibre cela, et ce n'est pas ici, dans le pays du libre plaisir et des Yoshiwaras, qu'on va se priver, sous prétexte de pudeur ou de respect des grands, de piétiner les plates-bandes, de bousculer les pots de fleurs, ou, comme disait l'autre, d'ébrécher « le mur de la vie privée ».

En regard de tant de licences, il est remarquable de constater avec quelle unanime ferveur toutes ces feuilles, sans exception, parlent de l'Empereur, du régent, de la famille impériale. Les chroniqueurs, trempant leurs pinceaux dans l'encre la plus sympathique, n'usent alors que d'archaïques formules, de circonlocutions cérémonieuses, de métaphores rituelles, empruntées au style des légendes ou au protocole de la Cour et des temples.

On ne nomme jamais le Mikado, ou le prince héritier, mais s'agit-il d'une audience accordée par l'un ou l'autre, on écrira : « Le baron Kato, chef de la délégation japonaise à Washington, s'est présenté hier au Palais pour s'informer respectueusement de l'État du Ciel, et raconter en se prosternant les circonstances de son voyage. » La signature d'un décret se traduit ainsi : « Le noble zèle du Très-Saint a daigné se manifester ce matin en apposant sa signature sacrée sur les documents que Lui a présenté le vicomte Takahashi, premier ministre. » Tout communiqué émanant du Palais est ainsi présenté : « C'est avec une crainte respectueuse que nos oreilles ont été frappées de l'écho d'un événement... Humblement nous en transmettons la nouvelle à nos lecteurs... »

Doit-il enfin décrire une sortie impériale, le reporter, accrédité, trié sur le volet, qu'on charge de ce soin, ne manque jamais de finir son récit sur ce couplet en forme de litanie : « Et la noble face du Dragon était rutilante, et son regard céleste brillait d'une incomparable fraîcheur. »

Un journal — le cas, m'affirme-t-on au Gaimusho, ne s'est encore jamais présenté — prétendrait-il s'affranchir de ces clichés somptueux mais encombrants, serait aussitôt saisi, et sous l'inculpation de lèse-majesté, suspendu peut-être à jamais.

Car, au Japon, à l'état permanent, la censure règne. Elle forme un département du ministère de l'Intérieur, où la police librement opère. La loi stipule six catégories de matières non publiables. La sixième, qui comprend « tout ce qui peut porter atteinte à la paix et au bon ordre social », en les résumant toutes, suffit à tout justifier. Les interdictions visent surtout ce qu'on nomme au

Japon les *idées dangereuses*, c'est-à-dire toutes les audaces d'esprit politique, teintées de bolchevisme, ou à tendances révolutionnaires.

Certains événements, comme par exemple les intrigues de Cour qui se manifestèrent pour les fiançailles du Prince héritier, un manifeste des Soviets, ou quelque crime politique, tel le récent assassinat à l'Hôtel de la Gare d'un notoire coréen, japonophile, sont impitoyablement biffés par raison d'État. N'allez pas croire, cependant, que le public n'en connaisse rien ; les journaux tournent la difficulté à l'aide de ces ingénieux euphémismes où excelle l'Asiatique, de ces mots à double sens qui, en leur langage hermétique, sont fort bien entendus par tous ; un meurtre devient alors « une mort soudaine », une émeute se traduit par « réunion corporative », et l'on nomme à la chinoise « congé », ce qui est proprement la démission forcée d'un ministre, ou le renvoi d'un haut fonctionnaire.

Quant au sort des journalistes, assez précaire à l'origine, il s'est, durant et depuis la guerre, si heureusement amendé qu'on le pourrait citer en exemple. Je prends le statut normal, tel que me l'exposèrent les rédacteurs de l'*Asahi*.

Après six mois d'essai où il touche demi-solde, l'aspirant journaliste est titularisé : il débute à 700 francs par mois. Dès ce moment, le contrat intervient, avec spécialité et emploi définis, et même dans les cas prévus, vol, faux, abus de confiance, etc., qui ressortent des lois correctionnelles, il ne peut être congédié qu'après décision du conseil de discipline où siègent par moitié les pairs de l'accusé, et par moitié les représentants des actionnaires et de la direction. Si le nouveau venu est muni de quelque diplôme, correspondant à nos licences, ou connaît une langue étrangère, chacune de ces qualités lui vaut *ipso facto* un supplément annuel de mille francs. L'avancement est statutaire : au choix, chaque deux ans, d'office tous les trois ans. Des catégories où seule joue la valeur professionnelle, sont rigoureusement établies, qui permettent au meilleur de vite atteindre les plus hauts salaires. Un bon journaliste, à sa douzième année d'exercice, touche normalement de 5 à 650 yens par mois, soit de 2.500 à 3.000 francs.

Chaque rubrique, politique intérieure, politique extérieure, Palais, grand reportage, arts et lettres, photographie, etc., est placée sous les ordres d'un chef responsable ; il peut très bien se produire qu'un simple rédacteur reçoive un traitement supérieur à celui de son chef, le paiement s'établissant non selon le rang, mais selon le mérite. La ligne politique, l'initiative des grandes campagnes, la direction du journal sont assumées par le rédacteur en chef, *Shuhitsu* (le premier Pinceau), choisi toujours dans le corps des collaborateurs, et dont l'indemnité annuelle varie entre 60 et 100.000 francs. Les gratifications sont de rigueur : chaque succès acquis au journal par la réussite d'une équipe ou d'un seul, se traduit à la fin du mois par un bon de caisse supplémentaire. Sans retenue aucune, un système de retraites fonctionne à trois échelons : après quinze ans de collaboration, un tiers du traitement ; après vingt ans la moitié ; au delà de vingt-cinq ans, les deux tiers. Enfin, paradoxe incroyable ! *les journaux ne sont faits que par des journalistes.* Il n'y a place ici pour aucune copie d'amateur.

A la faveur de ces améliorations matérielles et morales, de grands écrivains, des hommes d'État, d'éminents professeurs n'ont pas hésité à troquer leur écritoire, tribune ou chaire, pour faire profession de journalisme. Ainsi s'est relevé le niveau général. Comme on pense, il y a pléthore de candidats ; mais c'est à ce métier surtout que s'applique le dicton « beaucoup d'appelés, peu d'élus ».

De toutes les carrières libérales, le journalisme ici tend à devenir une des plus fermées.

Ni la maison impériale, ni le gouvernement, ne sauraient désormais tenir pour négligeable cette force des temps nouveaux ; à l'exemple de l'Angleterre, où l'on voit le monarque ennoblir tel gazettier fameux, ou appeler à la pairie, comme il fut fait pour lord Northcliffe, tel directeur de grands quotidiens, des titres de baronnie, même de vicomté, viennent parfois récompenser, en la personne des plus dignes, les services rendus par la presse à la Couronne et au pays.

Ainsi, marchant à pas de géant, de prolétariat qu'il était à ses débuts, le journalisme au Japon est en passe de prendre rang, sinon d'aristocratie, du moins de véritable clan. En cette matière, comme en beaucoup d'autres, s'étant mis résolument à l'école des barbares blancs, les Nippons, du premier coup, les ont battus et dépassés.

CE QUI FERA LONGTEMPS LA STUPEUR DES BARBARES : L'ÉVANGILE DU HARA-KIRI

Avant d'entrer dans ce récit, qui est une des plus belles histoires de chevalerie que je connaisse, il convient, selon le rite, qu'aux tertres des 47 héros nous allions d'abord rendre hommage.

A l'ouest du parc de Shiba, où orgueilleux jusque dans la mort, sous les ombres d'un bois de cèdres planté vers le XVIe siècle, reposent tout armés, en des temples hautains, sept Shoguns de la grande époque, une terrasse à flanc de colline, discrète sous sa garde d'ifs, ne se révèle que par les bâtonnets d'encens qui y fument de l'aube à la nuit. Un pont, en forme de pont-levis tendu sur le fossé d'eau, mène à ses marches taillées dans le roc. Par centaines, collés aux balustres, comme nos *papillons* du temps électoral, placets, offrandes, ex-votos tapissent la branlante grille qui protège ce clos sacré. Loin, à travers la muraille d'arbres, luit le golfe de Tokio.

A la suite des pèlerins, hommes, femmes, vieillards, enfants, riziers du Hokkaido, pêcheurs de la côte, paysans des îles, gens du peuple fiers sous leurs hardes, bourgeois ou aristocrates qu'à la porte du parc attend leur limousine, pénétrons dans l'humble cimetière. A l'angle nord, coiffé d'un toit de marbre rouge, en rotonde, un mausolée de pierre porte un nom, un titre, une date : Asano Naganori, seigneur, 1701.

En face, à l'angle sud, non moins simple et secret sous ses herses de fer, un second mausolée, avec cette épitaphe : Ohishi, 45 ans, chef des Ronins. Alentour, en carré joignant les deux tombeaux, 47 stèles d taille oblongues, et d'un même granit, jaillissent si fraternelles, si serrées, qu'on dirait sous le sol une troupe de gens d'armes au garde-à-vous.

Des noms gravés : Shimmizi Ikkaku, Makyima... Des âges : 17 ans, 18 ans, 28 ans, 37 ans... Sous chaque dalle gît, non de la poussière d'os, mais une urne emplie de cendres ; car fidèles à leurs dieux comme à leur maître, les 47 preux, à l'heure du harakiri, réclamèrent pour leurs corps la purification du feu.

Respectueuse, sans cris ni gestes, la foule défile, chapeau bas, et comme aux haltes d'un calvaire, se prosternant devant chaque tertre, y pique ses bâtonnets ; à toute heure, aux frais de l'Empereur, trois énormes vasques de bronze fument, gorgées d'encens : quels Dieux honore-t-on ici ? Ce sanctuaire aux morts illustres, objet d'un culte national, n'a pas dix mètres carrés.

Et maintenant, connaissez la chanson de gestes.

Voici deux siècles et demi, au fond de son burg en ruines, dans la province d'Akuo, vivait un *damyo*, de la plus fière lignée, mais pauvre autant que noble : Asano Naganori. Mandé à Tokio, selon un privilège de sa caste, pour y servir auprès du Shogun de maître de cérémonies, mal versé d'autre part dans les us de la cour, il pria le grand chambellan de l'instruire dans ses nouveaux devoirs. Celui-ci, nommé Kira Yoshide, intriguant et cupide, accepta, espérant bien tirer de son naïf élève dons, largesses et profits sonnants.

Mais dès la seconde leçon, ne voyant rien venir des cadeaux qu'il s'était promis, il dépouilla toute courtoisie, se fit rude, sans ménagement, allant même par traits et pointes jusqu'à le bafouer en public. Asano, dont la patience n'était qu'une politesse de grand seigneur, négligea d'abord ces sarcasmes. L'autre, le croyant lâche, redoubla d'insolence. Un matin, en plein conseil, Kira Yoshide, perdant toute retenue, tendit à Asano ses brodequins défaits, et comme on parle à son valet, ordonna : « Vois mes socques : leur cordon s'est rompu... Honorable seigneur, daigne le rattacher... »

C'en était trop : pareil outrage criait sur-le-champ vengeance. Asano, dégaînant, bondit sur le grand chambellan, et d'un coup de poignard lui zébra en croix le visage. Or, la règle était formelle, nul, sauf le Mikado, n'avait le droit, au palais du Shogun, de se présenter en armes. L'offense était double : contre la loi, et la sainteté du lieu. Qui le devait savoir mieux qu'un maître des rites ?

Rentré dans sa maison, son honneur satisfait, Asano, le même soir, traça d'un pinceau qui ne tremblait pas ses excuses à son ennemi pour l'avoir frappé dans un lieu sacré, puis bravement, en noble homme, se fit harakiri.

Comme tout seigneur du temps, en quittant son burg pour la capitale, Asano avait emmené à sa suite une compagnie d'hommes d'armes, choisis parmi ses vassaux, tous samouraïs valeureux, que le pacte féodal liait au destin de leur maître. Ils étaient 47, commandés par Ohishi. Le même décret du Shogun, qui confisquait les terres et le château du mort, décida la dislocation et l'exil de sa troupe; désormais sans seigneur ni gîte, les 47 samouraïs durent se disperser à travers l'Empire, grossissant le nombre de ces chevaliers errants qu'on dénommait *Ronins*. Mais dans son donjon aux portes de Tokio, le grand chambellan Kira Yoshide sachant, selon la loi d'honneur des samouraïs, à quel impérieux devoir de vendetta l'inique mort d'Asano obligeait ses compagnons d'armes, tripla sa garnison, mit son manoir en état de siège, et vêtant sa cotte de mailles, ne sortit plus que de jour, sous bonne escorte.

Des mois passèrent, puis un an, puis un an encore. Nulle alerte ne s'étant produite,

Kira Yoshide, en son âme vile, jugeant les Ronins infidèles à la mémoire de leur seigneur, reprit son assurance et détendit son guet.

Un fait, d'ailleurs, qu'on lui rapporta, le confirma en son idée que les gens d'Asano avaient depuis longtemps renoncé à toutes représailles. Dans un village, près de Nara, Ohishi, chef des Ronins, vivait dans la pire débauche, ne hantant que filles et bouges, gris de *sakké* du soir au matin, modèle d'indignité. Un samouraï, de ses amis, le trouvant une nuit ivre-mort à la porte d'une maison de thé d'où on venait de le chasser, n'avait pu s'empêcher de lui cracher au visage, en disant : « Cœur de lièvre dans un corps de pourceau, la boue même te rejette, toi dont le maître crie vengeance. » L'autre avait ricané sans même un geste pour tirer ses armes.

En réalité, les Ronins, pas plus que leur chef, jouant là un jeu de dupes pour endormir les soupçons de l'adversaire, n'avaient rien oublié : ils attendaient leur heure. Elle sonna la nuit du 17 février 1703.

A la faveur d'un ouragan de neige, livrant assaut au château-fort, ils l'enlevèrent de hautte lutte. Yorishide, forcé dans une chambre où, sous des habits de femme, il avait cru pouvoir échapper, gémit, supplia, offrant contre vie sauve l'abandon de ses biens. Mais tandis qu'avec le plus profond respect, sa troupe au garde-à-vous formait la haie, Ohishi, se prosternant cérémonieusement, tendit son sabre au grand chambellan, et poliment lui demanda : « Daignez, seigneur, en souvenir d'Asano, notre damyo, vous ouvrir honorablement le ventre ! » Comme le traître refusait, les Ronins, tirant leurs coutelas, menacèrent de l'égorger, telle une bête sans honneur. Yorishide dut céder : un hara-kiri rachetait l'autre.

Mais, digne de Plutarque, voici le dénouement. Ayant fait justice selon la rude loi féodale, les 47 chevaliers errants, en leur plus belle tenue de parade, heaume d'acier en tête, écharpe de soie sur l'épaule, éventail en main, double sabre à la ceinture (samouraï signifie l'*homme aux deux sabres*), se rendirent à l'aube au tombeau d'Asano, et baisant la terre où il dormait, par la voix d'Ohishi, leur chef, le louèrent, et comme s'il était présent parmi eux, lui rendirent compte de l'expédition. « Es-tu content, seigneur ? Nous, tes humbles vassaux, pour qui tu étais tout, si tu juges que, fidèles au commun pacte, nous avons bien rempli tes vœux, permets que par delà la mort nous venions te servir encore ! » Et sur la dalle jetant comme un trophée expiatoire la tête sanglante du grand chambellan, après s'être embrassés, solennellement, les 47 firent harakiri.

L'épopée pourrait finir là : un dernier trait la corse. Dans son village, près de Nara, le samouraï, insulteur d'Ohishi, ayant compris sa tragique méprise, confessa dans une lettre à l'Empereur (qu'on peut lire encore, jaunie par le temps, au musée du parc de Shiba), son erreur et sa peine, puis, sur la tombe de son ami mort, en manière de sacrifice à ses mânes, s'ouvrit le ventre. C'est la quarante-septième stèle.

D'une barbarie magnifique, si exaltante en sa cruauté, cette chanson de Roland à la japonaise, quand on me la conta sur la terrasse aux ifs, m'a ému de la même ivresse forte, que chaque jour, à ses pèlerins, dispensent ces lieux sacrés.

Il n'est pas, dans le plus humble bourg de l'archipel, d'enfant qui ne la sache en tous ses détails ; pas une troupe de bateleurs errants, pas une *yose* de conteurs populaires qui, au cours de leurs spectacles de sept longues heures, n'en miment quelque scène, ou n'en déclament quelque épisode. L'estampe et les kakémonos y puisent leurs thèmes éternels. Elle est l'évangile héroïque où communie toute une race.

***

Voici cinquante-trois ans, le 5 mai 1869, telle à l'aube de la Révolution notre nuit du 4 août, les quatre grands clans conservateurs de l'Empire, Satzuma, Tosa, Hisan, Schoshû, avec une grandeur romaine, abolissaient solennellement la féodalité. L'ère du Meïdji s'ouvrait — ère du gouvernement étincelant, — qui, sous le règne et l'impulsion du grand Mikado Mutsuhito, arrachant le Japon à son splendide isolement de vingt siècles, allait à la stupeur du monde en faire en peu de temps l'égal des plus grandes puissances. Mais un rescrit, émanât-il du Fils du Ciel, ne saurait d'un trait de plume biffer les traditions, rompre les mœurs, changer les âmes. Le régime féodal tombait, comme s'écroule d'un bloc, fière jusqu'en sa chute, la colonne d'un temple ; par bonheur, son esprit survivait.

Cet esprit, à vrai dire, c'est l'esprit samouraï. Pliant devant les menaces de la civilisation, il la battit de ses propres armes; se mettant à l'école des barbares, bientôt il les dépassait. C'est lui qui, des deux millions et demi de guerriers de l'ancienne caste, forma les cadres du Japon moderne; chevaliers sans peur et sans reproche, ces hommes au cœur de chef se dédièrent à l'Empereur, en qui la patrie s'incarnait. Servir était leur lot : ils servirent. Armée, marine, diplomatie, missions à l'étranger, expéditions coloniales, partout où on avait besoin de volontaires désintéressés, on était sûr de les trouver. C'est cet esprit samouraï qui, de septembre 1894 à mars 1895, exaltant les jeunes troupes d'Oyama, les aidait à battre sur terre et sur mer la Chine stupéfaite, et menait l'armée nippone aux portes de Pékin; lui qui, en 1904, donnant l'audace à ce peuple en enfance de relever le méprisant défi lancé par le colosse russe, faisait joyeusement s'offrir en holocauste et sourire à la mort les bataillons d'assaut sur les glacis de Port-Arthur; lui enfin qui, dans la passe de Tsushima, animant Togo et ses marins, consacrait en une heure par la plus écrasante défaite d'escadres ennemies, la grandeur du nouveau Japon.

Quel est-il donc, cet esprit samouraï, créateur de tant de vertus ? Nul surhomme comme le Christ, nulle secte hantée de nirvana comme les grands Bouddhistes, nul philosophe des rapports humains comme Confucius n'a formulé sa loi écrite. C'est une religion, cependant, qui a sa Bible, le Bushido.

Si ce néologisme qui signifie « la Voie du Guerrier », forgé par l'historien Masato pour la clarté de son enseignement, n'a pas même vingt ans d'existence, les préceptes qui s'y rattachent, millénaires, immémoriaux, guident de toute éternité la conscience japonaise.

Charte de la bravoure et de l'honneur, idéal chevaleresque du noble homme, fidèle à ses amis, probe devant ses pairs, pour qu[i] fierté de soi, discipline du cœur, stoïcism[e] dans la douleur, respect jusqu'au sacrific[e] de la parole donnée et en toute circonstance[s,] le souci d'élégance morale doivent être le[s] règles de vie, code d'abnégation et d'absol[u] dévouement à l'Empereur, au clan, à l[a] famille, — tel est le Bushido, recueil de lois orales, legs sacré des ancêtres, que se transmettent les générations.

Toute une mystique du devoir en est née, féodale comme l'esprit qui l'inspira : le patriotisme à la moderne, qu'on ne trouve en aucun pays plus vif ni plus passionné, le culte de son corps que tout homme doit garder dans la meilleure forme pour la défense de la patrie, l'empire sur soi-même dans la pire colère, la pudeur des sentiments, l'impassibilité érigée en principe dans la bonne comme dans la mauvaise fortune, la courtoisie envers les faibles, le dédain de l'argent, l'honneur du nom précieux autant que la vie, le sourire devant la mort. Un autre enseignement, et non le moins suivi, c'est enfin ce qu'on pourrait nommer le *sacrifice pour l'exemple.*

Tel est le cas célèbre du général Nogi et de sa femme. Le soir même du jour où, avec tout un peuple en larmes, il venait de conduire à son palais suprême la dépouille du Meïdji, son maître bien-aimé, le vieil héros, vêtu de son grand uniforme, portant encore toutes ses croix, s'ouvrait le ventre, tandis qu'à ses côtés, sa femme, en habits de cour, se plongeait un poignard en plein cœur. Au petit jour, les soldats de garde découvraient les deux époux côte à côte inanimés. Nul n'avait entendu de râles; malgré leur lente et terrible agonie, ils souriaient par delà la mort.

Sur une table, devant l'image du défunt Mikado, une lettre restait ouverte, — leur testament. En ces lignes d'adieu adressées à ses compagnons d'armes et au peuple nippon, le grand soldat, vainqueur de Port-Arthur, expliquait sa résolution : lui et sa femme mouraient de plein gré, en bons samouraïs, selon les rites, pour suivre leur seigneur en sa demeure d'au delà, et là, parmi les dieux où il allait s'inscrire, pour l'aider, serviteurs fidèles, de leur éternel dévouement. L'adieu s'achevait sur le vœu que cette double mort ne fût pas vaine, mais réveillât au cœur de tout Nippon les vertus et ce goût de sacrifice qui, dans le passé, avaient fait invincible la patrie japonaise.

Ces deux suicides au goût du Bushido suscitèrent dans tout l'Empire une énorme émotion : Nogi, divinisé, a son culte et ses fidèles. J'ai visité, sur la colline d'Azabu, l'humble pavillon de bois à un étage, où se joua le drame. Rien n'a changé de son rude décor, sauf désormais les bâtonnets d'encens qui fument sur son seuil; des foules chaque jour y viennent méditer. Chaque année, quand rouvre leur école, les Cadets, officiers de demain, viennent en pèlerinage saluer la tablette du grand samouraï; en entrant, comme dans un temple, ils s'agenouillent.

***

Soit, me direz-vous, cet esprit féodal qui survit, ce Bushido, sont l'apanage d'une caste; mais de nos jours, et dans les masses, en cet âge industriel de socialisme, de syndicats, de haine de classe ?...

La réponse sera foudroyante : c'est une bombe qui va nous la fournir. A l'heure où j'écris ces lignes, tout le peuple de Tokio se presse, silencieux, à la grand'porte du Nijubashi, la Cité impériale. Des gendarmes à cheval, des policiers en culotte verte tentent en vain d'élargir les barrages; la foule sans cesse accrue veut toucher presque du regard le trou creusé sous le porche interdit, et en plein rempart la blessure fraîche des pierres. Hier, à 8 heures du matin, un simple ouvrier des docks, 27 ans, homme libre par excellence qu'ignoraient à la fois les groupes politiques et les registres de police, Tamejiro Fujita, s'est présenté, un placet à la main.

« Pour Sa Majesté ! » cria-t-il aux gardes de service. « Que nul ne m'approche... je porte la mort en moi... Mais je meurs volontairement, pour que ma voix soit entendue ? » Et déclanchant le mécanisme de la bombe qu'il cachait dans son kimono, souriant selon la règle antique, il se fit exploser.

La requête a été retrouvée : elle suppliait le Mikado d'accorder à son peuple ce suffrage universel que, par meetings, prières aux temples, manifestations dans la rue, il ne cesse depuis six mois de réclamer. Ce hara-kiri brutal, signe du temps, a bouleversé l'opinion publique ; le prince-régent a réuni de suite un conseil où le placet a été pieusement examiné; le ministre de l'intérieur, M. Tokonami, le préfet de police, M. Oka, ont présenté leur démission. Ce sacrifice pour l'exemple aura fait plus pour le succès du suffrage universel que cent discours à la Diète.

Les 47 Ronins autrefois, Nogi hier, Taméjiro Fujita ce matin, le flambeau passe...

A L'OMBRE DES JEUNES FILLES ET DES CERISIERS EN FLEURS DANS KYOTO-LA-SAINTE.

Une cité fourmillant de temples, et quels temples ! les plus nobles, les plus vénérés de l'Empire : seconde capitale, la vraie, selon le Yamato, qui durant onze siècles, sous le règne de Mikados artistes et de Shoguns amis du faste, siège d'une Cour frivole et sensuelle dont le souci n'était que de fêtes galantes, rendez-vous de daimyos lettrés et de samouraïs dilettanti, académie de beaux esprits, de poètes et d'imagiers, inspira tel le Quatro-Cento italien ou notre Renaissance, les palais les plus somptueux, les mœurs les plus raffinées, et en estampes, poèmes, bibelots de fer et d'ivoire, statuettes, kakémonos et armes, un art incomparable en sa délicatesse, celui par excellence qu'on nomme vieux Japon ; thébaïde posée comme un collier sur son coffret de laque, au fond d'un vallon ovale, dans un cirque de monts, du paysage le plus classique : royaume de l'antiquaille et du bric-à-brac, paradis des collectionneurs ; échiquier de parcs grandioses et de jardins aux rares ordonnances ; terre bénie des cerisiers, des fontaines miraculeuses et des étangs pour clair de lune, ainsi apparaît, sœur asiatique de la Rome des Césars et des Papes, résumant Lourdes et Versailles, Kyoto la Ville Sainte.

Voici enfin une cité patricienne qui, féodale d'aspect et d'âme, vierge de tout contact barbare, se survit hors du temps. Il n'est pas dans Kyoto dix bâtisses de pierre avec porches, étages, balcons à la moderne : et, si en cherchant bien, on y compte une demi-douzaine d'usines, qu'on se rassure, au bord de la molle rivière Kamogava qui les anime, elles sont toutes à aubes et roues, grinçant d'archaïques machineries, blasonnant de meules millénaires et de forges à l'antique.

L'arc électrique a bien pu récemment recevoir droit de cité; son éclat de parvenu se tamise de papiers huileux, s'atténue d'abat-jour en corolles qui donnent à chacun un air de veilleuse, ou des transparences de lanternes. Mais vous arrive-t-il d'être quelque nuit convié chez les geishas ou les courtisanes, observez dès le seuil les servantes prosternées : elles tendent, comme au bon vieux temps, pour vous faire la route, les chandeliers d'argent aux sept branches en éventail.

Alors qu'enchevêtrant canaux et ruelles, fouillis de bouges et d'impasses, démesurée, Tokyo, capitale neuve, apparaît comme un labyrinthe de moyen âge, Kyoto la moyenâgeuse, fière de ses rues à angles droits, de ses larges avenues qu'on dirait tirées au cordeau, offre le net relief d'un plan de ville d'Amérique.

Tout est harmonieux en elle, ses maisonnettes de sapin qui mirent leurs loggias et leurs fauves façades dans les eaux glauques de son fleuve, les *yashikis* (palais), peints en noir, aux toits de tuiles vernissées, ses ponts de bambou pareils à des escarpolettes, jusqu'aux échoppes en clair-obscur, de plain-pied à l'ancienne mode, dont balancent au vent les enseignes historiées de lettrines d'or.

Comme sous notre ancien régime, chaque métier, maintenu en corporation, a son quartier : ici, les graveurs sur bronze, les incrusteurs de nacre, les émailleurs ; là, les sculpteurs d'ivoire et les peintres sur porcelaine ; au bord de l'eau, les rouisseurs de soie, les tisserands, les teinturiers ; aux portes de la ville, les artisans de bois, les ouvriers du bambou ; autour de l'Université, les fabricants de fins pinceaux, les bouquinistes et l'hiéroglyphique désordre des imprimeries.

à la main ; à l'ombre des temples, les potiers. Pour ces derniers, installés en plein air, ils savent si exactement, sur leurs frustes tours, reproduire les gestes séculaires et perpétuer l'art naïf de l'enluminure, qu'il est des routes de dévotion, tel au seuil du Kiyomidzu, ce raidillon tournant que les guides anglais baptisent *the tea pot lane* (l'Anse creuse de la théière), où l'on se croirait tout à coup transporté en pleine Alexandrie, ou au pied de l'Acropole, jadis, dans les faubourgs d'Athènes.

Hautes en couleurs, d'un pittoresque sans cesse changeant, les rues forment autant d'estampes animées.

Accourus des îles heureuses qui peuplent la mer Intérieure, descendus du lointain Hokkaido ou des pentes du Fushiyama, ayant parfois cheminé des semaines, les pèlerins flânent par villages, campent dans les jardins, arborant sur leurs vestes de bure des bandes de soie claire qui nomment leur province et leur vœu; leur bonze, parfois, les précède, brandissant quelque bannière où s'écartèlent sur fond de gueules éclatantes, ou sur champ de vif outre-mer, la guivre, le dragon, la tortue, symbole de sagesse, ou quelque rose armoriée. Des tribus de vieilles femmes, portant leur besace à bout de parasol, viennent au temple d'Inari, le dieu-renard, déposer leur offrande, brûler les bâtonnets, avides au seuil du dernier soir de racheter leurs fautes, avant de retourner mourir dans leur hameau natal.

Secouant des grappes de clarines, ou de leur flûte de bambou tirant des mélopées à trois notes, les moines-mendiants, aux carrefours, quêtent, en échange de leur bénédiction, les quelques *sen* nécessaires à leur bolée de riz quotidienne. Voici, obèses comme des Bouddhas mandchous, ou austères et émaciés selon la loi de la secte Zen, des prélats d'importance qui défilent en *djinrishka* (pousse), coiffés de chappes violettes comme en portaient nos magisters de Sorbonne, au temps de Rabelais.

Suivies d'un troupeau de nonnes en mantes de satin crème, des bonzesses, parfois de sang princier, cheminent allègrement, socques claquantes, étole à liseré vert nouée en guimpe sur leur gorge, et malgré leur jeunesse la tête étrangement rase, aussi rase qu'un crâne d'hauptmann poméranien. Et en leurs mille bigarrures, *obis* épanouis dans le dos comme de monstrueux bouquets, hautes coiffures à triple coque que calamistra l'huile de camélia, éventail à la main, fardées, cils peints, lèvres sanglantes comme des blessures, de la fillette aux robes d'arc-en-ciel jusqu'à l'artiste célèbre en kimono à traîne, que drape légitimement la cape à cinq blasons, éternellement souriantes, les *geishas*.

Car Kyoto, si elle est la capitale des temples, l'est plus encore des geishas. Ici règne dans sa rigoureuse splendeur la tradition :

ici, se renouant à leur origine sacrée, déployant tel qu'il y a dix siècles leurs pompes et leur faste, les danses sont prières, invocations aux dieux, autant que divertissements et plaisir. A ses fleurons, Kyoto ajoute celui de conservatoire chorégraphique de l'Empire.

J'ai eu la bonne fortune de m'y trouver en avril, au mois entre tous divin, où célébrant en eux la renaissance du printemps et le réveil des belles espérances, la ville sainte et ses milliers de pèlerins fêtent les cerisiers en fleurs ; dans le calendrier rituel, cette date s'inscrit sous le nom de Myako Odori.

Tout un quartier sur la rive gauche du fleuve, le quartier de Gion, formé de maisonnettes de sapin d'un brun doré d'ancienne laque, est réservé à ces jeunes prêtresses du rythme que le respect de tous entoure. Du crépuscule à l'aube, piquée de feux comme un champ d'étoiles, bruissant comme une volière, cette cité aux logis interdits vibre d'arpèges éoliens et de sourdes cadences, où parfois, comme un cri de minuit éclate le grêle pizziccato, que le plectre d'écaille tire du shamisen.

Une centaine d'écoles, groupant près de 5,000 aspirantes, et tout un domestique de duègnes, coiffeuses, kuramas et gardiens, y fonctionne ; chacune est dirigée par quelque maîtresse de ballet, ex-geisha étoile, qui outre l'enseignement fournit le gîte et avance les frais de garde-robe et de pension. Les fillettes, les *Maïkos,* louées par contrat à leurs familles, y entrent vers l'âge de sept ans, et quand leur carrière est normale, en sortent, après huit années de rude discipline et toute une échelle de sévères examens, geishas en titre, brevetées.

Dès cette heure, la nouvelle artiste, si Inari ne met pas sur sa route le riche protecteur qui d'un coup la rachète, n'a qu'un souci : tirer profit de ses talents, courir le cachet, devenir la parure de quelque théâtre ou maison de thé à la mode, pour régler au plus vite la dette d'honneur, le *guiri*, qu'au nom des siens elle contracta à l'égard de son éducatrice. A ce régime des *geisha machi*, plus rigoureux que tout cloître, ce n'est pas que le corps qui s'assouplit, mais la volonté, d'autant que hiérarchisés, imbus de l'esprit de clan comme de simples ministères d'État, ces gynécées rivaux ne cessent de se défier en d'implacables matches d'amour-propre.

Que de stoïques sourires aux larmes refoulées, que de nuits de fièvre quand approche l'épreuve d'avril ! Car alors, publiquement, ce sont les amateurs, c'est-à-dire toute la foule de Kyoto, où se mêlent les connaisseurs accourus de tous les coins de l'Empire, qui en quelques soirs couronnent ou rejettent dans l'ombre les espérances de toute une vie.

Au fond du quartier de Gion, une avenue

de cerisiers en fleurs, pavoisée d'énormes lanternes, mène au théâtre, le Kabu-renjô, où se disputent ces joutes de beauté. La saison dure quatre semaines, à raison de cinq séries par jour de dix brèves danses. Le thème était cette année : « Les reflets de la lune dans les bassins du temple d'Itsukushima ».

Quels mots assez aériens, quels vocables assez chatoyants pour décrire de telles féeries ! Qui ne s'est un soir enivré de cette musique des yeux ne saurait même l'imaginer.

Sur un fond de bois nocturne où, parmi la ronde des lucioles et le noir éclair des chauves-souris, éclate l'audacieuse symphonie des verts sapins et de la neige rose des cerisiers, elles dansent par groupes de douze, elles nouent et dénouent l'écharpe de leurs pas, corbeilles de somptueux brocarts, princesses du royaume des rêves, elfes, déesses, fées : danses lentes, presque hiératiques, tout en nuances, sans souci humain, d'essence purement religieuse.

Tandis que des deux côtés de la scène, occupée par seize geishas en kimonos or et noir, les trois cordes du rauque shamisen répondent au gong étouffé des tambourins de bois, ou que d'une voix brisée, acquise par combien de nuits d'hiver passées à chanter dans le vent, sur le toit de l'école, quelque virtuose des chœurs déroule comme une arabesque musicale une légende du vieux Yamato, il arrive que, débouchant sur la double passerelle fleurie, et dessinant une anse d'amphore, la théorie des douze danseuses mime en pleine salle, à hauteur de la foule accroupie, quelque figure du thème lunaire. D'autres fois, secouant comme des ailes d'oiseau blessé leurs éventails sanglants, elles imaginent dans les frissons de la pièce d'eau la lune rouge des nuits de brume.

Un clignement d'yeux, une lente ondulation du cou, ou des mains renversées, et c'est pour les initiés l'image de la pâle déesse filtrant par les futaies d'un parc. Ainsi, jusqu'à la danse d'apothéose, où, dans le cadre rituel d'un matin à Isé, balançant des branches fleuries de cerisiers, elles expriment de leur corps haletant le salut au Soleil-Levant, salut où communie la foule et qui n'est, symbolique, qu'une prière en l'honneur du Mikado.

C'est dans une petite salle du Kabu-renjô que j'ai participé aux savantes arcanes de la cérémonie du thé. Pour parler d'une personne de qualité, digne de respect, versée dans les usages, on dit au Japon qu'*elle sait boire le thé*. Ce titre correspond au *Kalos Kagathos* des Grecs policés d'autrefois, à notre qualificatif du XVIIe « l'honnête homme », et de nos jours au terme anglais de gentleman. Il honore qui le porte.

Juchée comme la Pythie de Delphes sur un trépied de bois laqué, une geisha, en tenue de parade, a mis le feu au tas d'odorantes brindilles, sur quoi, emplie de l'eau des fontaines sacrées, repose un vase d'ancien grès. S'étant purifié les lèvres et les mains, lentement, religieusement, elle puise à l'aide d'une louche de cèdre à long manche la fine poussière du thé vert qu'enferme un *chaïre* peint, de la plus pure époque Sung, puis par trois fois faisant de haut ruisseler les feuilles mêlées de fleurs, les jette dans l'eau bouillante. Quelques secondes de méditation, la prêtresse aux yeux clos invoque la faveur des dieux. Devant elle, deux gobelets aux veines cloisonnées, deux *rakous* coréens, sont posés ; les réchauffant amoureusement dans ses paumes, elle semble en remodeler la tendre argile et glisser dans leur grain la tiédeur vivante de son sang.

Puis, précise et toujours rituelle, de sa louche de cèdre cueillant au ras de l'eau l'essence même de l'amer breuvage, elle les emplit par moitié. A son exemple, le convive doit vider d'un trait son *rakou ;* ainsi l'âme du thé vous imprègne comme un feu liquide. Tant pis si la gorge vous brûle ; dès lors, par tout le Japon, vous voilà sacré noble homme.

Citerai-je les temples ? Ils sont mille et cent, rivalisant d'admirables jardins, de portiques monumentaux, et de dieux plus humains l'un que l'autre.

Voici, bâti sur pilotis aux pentes d'un gouffre, dominant au sud-est la cité comme une forteresse, le Kiyomidzu, dédié par moitié à Kwannon, déesse des pauvres gens, et à Jizô, dieu des voyages, génie protecteur des enfants, qu'il aide, quand ils sont morts et en quête des félicités du Ciel, à passer les rives noires du Saino, le Styx bouddhique ; voici le temple de Tejin, un des plus purs sanctuaires shintoïstes, qui, brûlé en l'an 947, rebâti en 1605, mire dans son lac ses toits en corne, d'un rouge flamboyant ; Kinkakuji, ou le Pavillon d'or, musée de fresques et de panneaux au goût de la vieille Chine, et dont les ténèbres de chaque chapelle rutilent de prodigieux paravents, d'une somptuosité qui dépasse celle, cependant fameuse, de « Six Beautés sous les arbres »; Sanju-san-Gendo, le temple aux 33.333 images peintes et statues d'or, d'argent, de bronze, de cuivre et de bois de la déesse Kwannon; le Nishi-Hongwanji, monastère entre tous illustre, que gouverne toujours quelque prince de sang impérial, merveille d'art décoratif, trésor débordant de laques, ivoires, statuettes, paravents, soies, mascarons, fers forgés, peint haut et bas par les meilleurs peintres de l'école de Kano, et dont la juridiction s'étend dans l'Empire seul sur 10.000 temples et sept millions de fidèles.

Aux quatre coins de la ville sainte, comme des hampes du Ciel, se dressent quatre pagodes, d'un vermillon ardent, à cinq étages, hautes de 60 mètres, et que couronne une flèche de bronze.

Tout au long du jour, de graves et lentes vibrations s'épandent à travers la vallée; comme des balles sonores que se retourneraient d'invisibles joueurs de raquettes, les échos tapis dans le cirque des monts les répercutent, et se les renvoient. On dirait sur Kyoto qu'il neige des chants de harpes. Ce sont les mille gongs des mille temples, — gongs formidables que seul peut émouvoir un câble d'épaisses cordes, de la grosseur d'un homme, — qui, frappées dévotieusement par les pèlerins, chantent leurs indulgences.

Un livre ne suffirait pas à épuiser l'intérêt de cette Mecque d'Extrême-Asie. Au moment de la quitter, et en elle de prendre congé de l'adorable Japon, terre des dieux et des nobles hommes, je veux dire de Kyoto un dernier trait qui illustre son magnifique entêtement à se survivre dans son passé.

Comme, pour gagner la Corée et la Chine, j'avais besoin de faire du change, j'ai demandé l'adresse d'une banque. — « De banque, me répondit, fort surpris d'une aussi saugrenue question, mon guide japonais, mais ici, nous n'en avons pas !... Ni la Banque d'État, ni les grandes maisons de Tokyo ou d'Osaka n'ont osé, en installant quelque succursale, profaner notre sol sacré ; elles eussent d'ailleurs, à bref délai, fait faillite... Il est bien, dans les faubourgs, deux étrangers qui se prétendent banquiers. Voici leur adresse : Voyez-les... »

Je m'y rendis. De ces deux banquiers, l'un, depuis trois semaines, renonçant par défaut d'affaires, avait vidé la place ; l'autre, de son véritable état marchand d'antiquités, ne possédait des cours de la Bourse et du tableau des changes que ceux remontant au 11 juin 1921.

Nous avons traité au petit bonheur ; encore ai-je dû, pour amadouer mon homme, discuter longuement et me rendre acquéreur de trois masques horrifiques du théâtre Nô.

Que dites-vous de cette capitale d'il y a un demi-siècle, peuplée de 300.000 âmes, qui, sur ses deux banquiers, n'en garde qu'un, et encore antiquaire ; est-ce assez ville sainte ! Durant mon séjour dans l'Empire du Soleil-Levant, j'ai eu quelques étonnements ; je n'en sais point qui m'ait paru plus digne d'être conté.

SUR L'AUTRE RIVE DU DETROIT COREEN

LES SURPRISES D'UNE HALTE AU PAYS DU MATIN-CALME

Tels ces châteaux de mer, orgueilleux et trapus, qui sous la garde du Lion lecteur des Évangiles, continuent à veiller au seuil des ports dalmates et des criques ioniennes, où la Venise du temps des Doges établit ses comptoirs, voici en arrêt sur les eaux, tapissés d'embruns et de mousses, forteresses de bronze vert, les deux îlots de Shimonoseki, porte suprême de la Mer Intérieure.

Le cœur se serre quand, pour le départ, on passe leur portique d'ombres. En eux tout le Japon revit : bosquets de pins coiffant leur cime en panache, molles rizières à flanc de coteau, jardinets précieux d'estampes, maisons de thé aussi délicates qu'un dessin de kakemono, villages enfouis sous les palmes, pagodes aux toits en corne dont luit la tuile vernissée, et nonchalantes, par flottilles, baignées d'une poussière d'or, les jonques à voiles de bambou que le soleil levant rougit comme des laques. Est-il, sur la vaste terre, d'autre pays qui, résumant ainsi ses grâces et son âme, vous les tende comme une gerbe, à la minute de l'adieu ?...

Un puissant paquebot, ferry-boat genre de nos courriers Calais-Douvres ou Dieppe-Southampton, cueille le voyageur au débarqué du train, et en douze heures le fait passer sur l'autre rive du détroit coréen, ce *channel* d'Extrême-Orient. La traversée serait sans histoires si, tout à coup, au soir tombant, l'île de Tsoushima, avec sa triple chaîne de monts bleus, n'apparaissait.

Borne célèbre de l'Histoire ; cimetière

d'escadre. Tous les passagers japonais, tous les hommes de l'équipage, sont montés sur le pont, et se découvrant par respect, alignés à la barre, contemplent ces lieux sacrés. Quelques récifs à fleur d'eau dentellent le crépuscule, et voici que s'impose à l'esprit, tourelles de cuirassés morts, carcasses de torpilleurs rouillés, tout un monde spectral de bataille navale ; d'un golfe clos que masque un éboulis de rocs, des fumées montent droit dans le ciel, et d'un regard imaginaire chacun cherche, tapie en embuscade, l'armada du grand Togo.

Ici, le 27 mai 1905, par un adorable après-midi de printemps, fut surprise et anéantie la flotte russe de la Baltique que Rojestvensky croyait mener à la victoire. La rencontre dura une heure. Sur 40 vaisseaux de haut-rang qui la formaient, 26 nefs capitanes contre 3 destroyers nippons gisent dans ces bas-fonds, épaves aujourd'hui anonymes dont la mer souveraine garde en commun les morts.

En pleine nuit, Fusan s'annonce par son chapelet de balises où l'émeraude au rubis se mêle, et constellant anses et caps, ses sept phares à feux lents. Toute en caserne et docks, la ville évoque sous le clair de lune la brutale ordonnance d'un port yankee. Ses quais grouillent de soldatesque. N'y débarque pas qui veut; des l'amarre nouée, une escouade de police barre la passerelle, parque les voyageurs, épluche les bagages, scrute les passeports. Ici, bombes et complots s'incorporent si naturellement aux mœurs que, pour assurer sa conquête, le Japon, en place des geishas, a dû surtout envoyer des gendarmes.

Dans l'ombre de l'énorme gare errent deux par deux d'indolents fantômes en suaire blanc qui dévisagent l'étranger, et après un long examen pile, face, et sous tous les angles, éclatent du rire silencieux de Bas de Cuir sur le sentier de guerre : les Coréens.

Nuit de pullman ; unique Européen perdu

dans ces parages, j'ai la libre disposition d'un coupé de huit lits, à moi seul. Réveil en pleine campagne. Des deux côtés de la voie tournoient à perte de vue, comme les rayons d'une roue, les sillons de rizières. On retrouve en chacune l'art méthodique du Nippon : mosaïques en terrasses, tranchées profondes, canaux parallèles, puits et citernes au creux des labours, et le classique barrage de pierres en forme d'arc.

Les villages, de pisé, à toits broussailleux de chaume, dorment dans les vapeurs bleues, au creux des vallons ; quelques-uns s'enferment dans une enceinte de terre battue, style muraille de Chine. Chauves les monts ; pelées les collines. Tel dans les Balkans le Turc, le Mandchou qui régna longtemps en ces lieux s'avéra par paresse l'ennemi de l'arbre ; nul typhon ne ravagea mieux.

Soucieux de redonner à cette terre-lige le manteau de vertes forêts qui l'illustra jadis, les Japonais s'acharnent à l'œuvre utile du reboisement. Pas de bourgade qui n'ait sa plantation de hêtres ou de jeunes pins ; pas de hameau sans sapinière ; des primes récompensent le paysan assez hardi pour ajouter à son labour quelque culture d'arbrisseaux. Et le dimanche, accourues de la ville, des caravanes d'écoliers s'égaillent à travers la montagne, piquent, greffent, taillent, émondent, créant richesse et beauté pour le proche avenir.

A la douzième heure de ce bucolique parcours qui, poussière et cyprès inclus, mais les ruines de manoirs féodaux en moins, évoque le voyage en Provence, on passe un large fleuve semé de bancs de sable et de sampans ventrus, le fleuve Han.

Rive droite, le mont, rigide comme une falaise, mêle l'usine à la carrière ; des hauts fourneaux y rougeoient. Hangars, bureaux, wagonnets à voie étroite, cité ouvrière, ces paysages sentent la banlieue moderne d'une grande ville. Par contraste, au delà du pont, voici qu'un énorme rempart se dresse, de pierre rouge, bossuant l'arête des collines comme une épine dorsale géante, long de 27 kilomètres, épais de dix-huit pieds, flanqué de donjons massifs, troué de sept portes monumentales, un mur cyclopéen, un mur de château-fort, tel qu'on en trouve aux toiles des primitifs ou dans les miniatures des Livres d'Heures moyenageux ; derrière, archaïque et touffue, balayée par ces tornades de sable fin venues de Mandchourie qu'on appelle « Vents Jaunes », gît Séoul, capitale de la Corée, que les annalistes chinois nommaient Hang Yan, et ses maîtres d'aujourd'hui Chosen.

Cité de vieux palais en ruines dont corbeaux et chauves-souris hantent seuls les salles désertes, ramassis de temples croulants dont les Bouddhas d'or ou de fer, et les dragons de faïence polychromes habitent désormais le musée, pagodes et tours du Ciel, où tels des feux du soleil couchant luisent par bref éclat les boiseries enluminées et les lambris de laque rouge et or, ici tout un passé de princes et de dieux agonise.

Au cœur de la ville il est bien encore, triplement gardé par ses enceintes, ses jardins et sa garnison, un enclos interdit, la ville impériale, où, pur fantoche qu'on n'exhibe plus qu'aux cérémonies rituelles, vit obscurément avec ses femmes, ses lettrés, ses eunuques et sa Cour poussiéreuse de grands dignitaires, roi nominal, mais sans pouvoir, le prince Yi ; cage d'or, manoir sans fenêtres, c'est la réplique de l'Empire d'Annam ou des sultanats illusoires d'Afrique.

En regard de ces pierres mortes, une ville neuve surgit, celle des conquérants. A chaque administration, son palais. L'Université a la splendeur massive d'une citadelle. Hôpitaux et douanes logent en des seigneuries. Chaque caserne est palace. Dominant de ses ombres le parc aux tombes royales, un magnifique manoir à balcons et cariatides sort lentement de ses échafaudages : le logis prochain de l'amiral baron Saïto, gouverneur général.

Ici, pour attester sa force et sa certitude d'avenir, le Japon bâtit grand, dans le roc et le marbre.

Entre les murs qui l'encorsettent, Séoul compte 253.068 habitants, dont 67.630 Japonais et 257 Européens, parmi lesquels figurent 100 Français ; à mon passage, j'ai eu l'occasion d'assister à la fête intime qu'organisa l'aimable consul de France, M. Gallois, pour célébrer ce chiffre faste qu'une naissance venait d'arrondir.

Étrange peuple que le Coréen, d'aspect autant que d'âme ! Où trouver de nation aussi paradoxalement accoutrée ? Plié dans une longue chemise de nuit de percale blanc crème, serrée aux jambes, non cousue, mais collée, la nouant en aiguillette sous le cœur d'un flot de rubans comme aiment à en porter aux noces villageoises les garçons d'honneur farauds, l'indigène arbore pour couvre-chef un minuscule cylindre à treillis, haut-de-forme lilliputien à courts bords, sans reflets, qui, pareil à une cage à mouches, abrite et aère son maigre chignon huileux. Ce chapeau, unique en son genre, est le plus souvent planté de travers sur l'oreille ; une élastique noire l'attache sous le menton. Coiffure et costume, vous jureriez Master Clown ou Charlot.

Les Coréens se flattent d'avoir les pieds les plus petits du monde ; cet orgueil n'est pas sans fondement. Jarret nerveux, cheville fine, les doigts comprimés dans d'étroites pantoufles de feutre relevées à la poulaine, on les voit gravement, par bandes, errer à petits pas, glorieux comme si chacun chaussait les mules de Cendrillon.

La race est noble ; élancés, vigoureux, le visage d'un bel ambre sarrazin, pommettes saillantes, les hommes portent de longues moustaches tombantes de mandarins. A toute heure de jour et de nuit, au travail comme à la sieste, dans l'échope comme dans la rue, ils fument inlassablement leurs pipettes, de près d'un mètre, que termine un fourneau d'argent, juste capable de contenir une pincée de tabac blond.

Leur flegme est déconcertant ; d'une paresse qui confine au nirvana, d'une immobilité de fakir, insensibles à toute menace, sourds à tout appel, ils obligent pousses et autos à d'incroyables zig-zags et détours pour leur laisser la vie sauve. Ah ! ce fut un grand psychologue celui qui, le premier, baptisa cette terre le pays du Matin-Calme !

Leurs yeux vagues et hallucinés rappellent ceux des haschishins. On y lit le mépris des humaines contingences, le dédain de l'effort, tout le fatalisme bouddhique ; seul parfois les anime quelque mauvais regard à l'adresse de l'étranger. Leurs femmes, bêtes de somme à la taille carrée, portent de singuliers bonnets de police, de satin cerise ou violet, qui les coiffent en cantinières d'opéra-comique, et par-dessus leurs jupes blêmes et ballonnantes, vêtent de courtes casaques qui, certes, cachent le cou et le haut de la gorge, mais impudiquement laissent à nu les seins crouler en liberté. Ainsi peuplées, les rues du bas Séoul, à quoi il faut bien ajouter ces relents infâmes de crasse, d'engrais humain et d'eaux croupissantes qui caractérisent toute cité d'Asie, ne manquent pas de pittoresque; pittoresque un peu inquiétant, d'où l'on a hâte de s'évader, et qui rappelle par plus d'un trait les préaux de la Maison-Blanche, à Ville-Evrard.

Lors de notre rencontre à Ang-kor, alors qu'il me déroulait comme une mappemonde humouristique les étapes de sa route, lord Northcliffe m'avait énoncé : « La Corée... pays de l'Éternel Mécontentement ! » Je vérifie sur place la justesse de cette boutade.

En cette péninsule, à coup de millions de *yens* et d'une infinie patience, le Japon, désireux de prouver au monde ses qualités de colonisateur, a apporté l'ordre et le bien-être ; routes, canaux, digues, cultures, forêts, chemins de fer, hygiène, écoles, ni les Anglais aux Indes, ni nous en Indochine ou au Maroc, n'avons su faire mieux. C'est l'enrichissement par force de l'indigène.

Quant aux libertés, sauf celle de l'émeute, elles sont toutes acquises ; qu'il s'agisse de l'administration des villes et villages, ou de réglementer la vie nationale, il n'est pas une circonstance où les autorités ne convient loyalement et à égalité l'élément national à collaborer. A toutes ces avances, les Coréens répondent par la bouderie.

Ils boudaient, voici huit siècles, alors que souverains d'eux-mêmes ils menaient à leur gré leur destin ; ils boudaient sous les Chinois. Ils boudaient à la vue des Russes. Ils boudent sous les Japonais. Ils bouderaient, Bouddha les pardonne ! ayant comme président M. Wilson en personne !

MANDCHOURIE, TERRES ET RACES DE LA PLUS VIEILLE CHINE

Sonore comme un ouragan, juché sur cent vingt arches, un gigantesque pont de fer se dresse, long de 2.710 mètres; au-dessous, estuaire grouillant de sampans, de radeaux et de trains de bois, miroite le fleuve Yalu.

Frontière géographique, disent les cartes ; plus encore, ce fossé d'eau sépare deux mondes et deux races. Rive gauche, la Corée finit, et en elle, vague expirante, la grâce et l'ordre japonais; rive droite, la Mandchourie naît, et chaos et puanteurs, en elle la Chine commence.

Symbole de ce contraste, une ville en deux

faubourgs s'étale aux berges du fleuve : Antung. Ici, les cases de pisé avec, sur leur seuil, rêvassant, le peuple en blanc suaire et haut de forme métallique ; là, dans leurs paillotes ceintes de murs, les coolies à queue tressée et leurs femmes aux pieds tors. Nul contact entre ces deux voisins ; nul échange entre les deux villes. Parallèlement se poursuivent ces destinées hermétiques. Il n'est que l'Asie pour offrir si brusques, de si totales démarcations.

Ce serait une lourde erreur d'imaginer la Mandchourie comme un pays désolé de steppes et de plates immensités. Le seul voyage Antung-Moukden, sept heures d'enchantement à bord d'un des confortables trains aux modes d'Amérique, munis de salons, de bars, de rocking-chairs et de plate-formes à balustrades, du South Mandchourian Railway, permet d'explorer une pittoresque contrée riche en sites et nobles paysages.

Comme un kaléidoscope vivant, s'y succèdent les gorges bruissantes de cascades, les grottes aux lacs intérieurs, le delta sablonneux des fleuves que rebrousse le reflux de la mer Jaune, les forêts d'essences rares dont les futaies couronnées de gui et les clairières luisantes d'étangs évoquent le Haut-Canada ; d'âpres défilés en montagnes, tragiques avec leurs colonnades de basalte, leur avalanche de rocs en suspens, leurs précipices à pic au fond desquels chante quelque torrent et qui rappellent les terres froides et les sierras du Mexique ; les Mille Collines et les 48 vallées du Chienshen, peuplées de temples immémoriaux, de tours de lamas en tiare à la manière indoue, et de pagodes de marbre blanc, dont on aime à se réciter comme des litanies les fabuleuses appellations : Tour des Cent Vues Célestes, Temple du Lien intermédiaire, Temple de la Grande Paix, Monastère de la Munificence, Pagode de la Fontaine du Dragon.

La voie ferrée est celle même qu'en 1904, lors de la guerre contre les Russes, tracèrent les officiers du génie nippon. On erre en pleins champs de bataille.

Dès Penchihu, hachant glèbes et labours, d'innombrables sillons noirs zig-zaguent aux pentes des hauteurs. Éventaillés à la façon de ces filets de maraude dénommés éperviers que les pêcheurs de rivière lancent à la volée, leurs réseaux tendant tous vers quelque cime ou crête, et çà et là bordés de barbelés et de ronces rouillées, les investissent et les cernent; vieilles de dix-sept ans, ce sont les tranchées historiques de Nogi et d'Oku.

Dans ces vallées en coupe-gorge où guerroyèrent deux millions d'hommes, moutonnent à perte de vue l'herbe folle et les ceps noueux qui, aux moissons d'été, deviendront la fève soja, le kaoliang, la betterave et le millet. Cultures traditionnelles et fortune de ces terres.

Pilé par la presse à main ou écrasé dans

d'archaïques moulins à aubes, le soja, notoire aujourd'hui par le monde, sert aux Mongols de nourriture, leur fournit l'huile de la table, les éclaire, et substitut de la graine de coton, les habille à l'occasion ; ses déchets, engrais parfait pour le bétail, aident aussi à fumer le sol. Que ne tire-t-on pas de cette céréale à tout faire ? Un alcool d'arome léger, frère du sakké japonais; avec sa pulpe raffinée, des galettes et un exquis fromage; son huile solidifiée peut devenir, selon les cas, stéarine ou glycérine ; durant la guerre, ne la mobilisa-t-on pas au service des obus et poudres ?

Quant au koaliang, au fût trapu, il règne sur des milliers d'hectares; la seule Mandchourie du Sud en récolte par an un million et demi de tonnes. Son grain cuit forme le blé et le riz tartares ; hommes et bêtes le partagent fraternellement. Il est l'ami de la maison. Tout de lui est utilisé, ses tiges comme armature des huttes, ses racines pour le chauffage, et ses fibres et feuilles pour la confection des nattes.

En marge de ces paysages d'églogue, comme signature du siècle, et illustration de l'effort japonais que lie à cette province un bail de 99 ans encore, voici près de Penchihu, baignant dans sa rivière huileuse, toute une cité rougeoyante de filatures, d'aciéries, de forges et de manufactures. C'est Briey et Manchester. Les hauts-fourneaux dans les fumées dressent leurs silhouettes d'amphores géantes. Et vingt milles plus loin, cratères éventrés aux flancs desquels courent des wagonnets, carrières de charbon à ciel ouvert où crissent cent foreuses électriques, puits béants, entonnoir en terrasses, maelstrom de coolies, voici les houillères et mines de Fushun, nourricières de l'Empire, et dont les plus modestes calculs fixent à 800 millions de tonnes, soit deux siècles d'exploitation, les réserves de trésor noir.

Soufflant et sifflant, le train débouche du

vingt-quatrième tunnel. Un mont en pyramide surgit à l'ouest; au fond, la plaine, le *Poutchilof* des Russes, le Wanpaoshen des Jaunes, si ardemment disputé durant l'hiver 1904-1905 : redoute de la mort comparable à notre Hartmanswillerkopf d'Alsace.

Sur la droite, déchiqueté encore, pareil à un gibbet d'eau-forte, un bois de pins apparaît que les deux camps baptisèrent « L'infernale Sapinière ». De massives maisons de brique rouge, style moscovite, se profilent sur l'horizon. Un rempart à huit portes monumentales dresse sa croupe tortueuse. Nous entrons dans la capitale mandchoue, illustre dans les chroniques de guerre, Moukden, que les géographes chinois nomment Fengtien et les nippons Hoten.

C'est une ville forteresse de 200.000 âmes environ, sans compter les armées qui y campent. Voici trente ans encore nul étranger n'y avait pénétré. Berceau originel de la dynastie Chang, qui durant deux siècles et demi, de 1644 à février 1912, gouverna autocratiquement, sous le nom de « La Grande Dynastie Pure », l'énorme Empire des Célestes, close aux caravanes, elle était pour toute l'Asie la Cité interdite. Une double enceinte l'enferme sur vingt-trois kilomètres carrés : mur de pierraille et de moellons à créneaux, flanqué chaque mille mètres d'un fortin ou d'une tour de guet, haut de 35 pieds, large de 26 à la base et de 16 au sommet.

Labyrinthe de ruelles en chemins de ronde, fouillis d'impasses et de pistes, peuplée d'une multitude d'échoppes à l'ancienne mode, pavoisée d'enseignes de papier peint, de dragons de bois sculptés, et de vieux fers forgés, qui, voûte d'ombres, apparentent maints de ses quartiers au bazar de Constantinople ou aux Souks du Caire ou de Tunis, mêlant fermes et corps de garde, cours à fumiers et auberges, sanctuaires et caravansérails, encombrée de chaises à porteurs, de pousses, de brouettes geignardes et de chariots à roues pleines comme dans la Rome antique, torrent d'humanité haillonneuse où, du Tartare au Mongol, du Sibérien de Kharbine marchand de pelleteries aux paysannes mandchoues en leurs blouses à fleurs de satin couleur prune, toutes les races de la haute Asie, tous les types millénaires d'Extrême-Orient se pressent et se confondent, puante, sordide, poussiéreuse, royaume de l'immondice, Mecque des mendiants purulents, Moukden, l'incroyable Moukden, bien mieux que Canton ou Pékin, peut se flatter de l'oubli du temps et de demeurer *Vieille Chine.*

C'est avec une émotion de rêveur éveillé et la stupeur d'un archéologue qui tomberait en pleine Memphis ou Ninive ressuscitée que j'ai, deux jours durant, couru ses bouges et ses foules. En regard d'une aussi prodigieuse survivance, qu'importent les palais rouges qui, aujourd'hui branlants, abritaient le Fils du Ciel, le Solitaire, le Dragon merveilleux, le Seigneur des dix mille années; qu'importe le mausolée du premier Empereur mandchou Taisung, et sa garde de mandarins et d'éléphants de marbre? Entre le cimetière et la Cour des Miracles, mon choix est fait.

DES CAPONNIÈRES DE PORT-ARTHUR AUX REMPARTS DE PÉKIN

Se partageant en deux villes distinctes : l'une, ordonnée et spacieuse, toute en buildings, jardins, cottages, avenues, la ville neuve que les Japonais fondèrent sur les assises de la débâcle russe ; l'autre, close dans sa double enceinte, d'un archaïsme pittoresque, sordide, mais si riche en couleurs, grouillant de foules et d'échoppes, c'est à ce Moukden de moyen âge, plus vieille Chine encore que Pékin, que j'ai donné ma préférence. A explorer ses bouges croulants dont les clair-obscurs poussiéreux eûssent ravi Rembrandt, à flaner par ses ruelles où survivent les métiers des âges primitifs, à observer ses mendiants truculents qu'on croirait échappés de la Cour des Miracles, on goûte la délectation de lire sur le vif quelque chronique de Marco-Polo.

Je dirai deux de mes découvertes : le premier soir, comme je voulais me rendre près de la sixième porte, au théâtre de pantomime, *hoaki*, où une troupe de bateleurs errants, merveilleusement grimés, en costumes du xve siècle, jouent des drames et miment des farces qui datent des Tongouses, on m'amena un étrange carrosse armorié sur chaque porte de blasons éclatants. Le coffre, en forme de nacelle, me donnait une impression de déjà vu.

A la lueur des lanternes, j'avisai, sous la glace intérieure, une vieille plaque de cuivre bosselée. Un nom y fulgurait : Odessa. L'équipage n'était autre qu'un de ces anciens drochkis de Crimée, venus jadis par le *Transsibérien*, que, lors de la défaite russe, les Chinois avaient enterré, puis après le traité de paix, avaient remis en circulation, comme leur bien propre, sous le nom désormais nippon de basha ; et les armoiries des panneaux, celles peut-être de Stoessel ou du brave général Kondratenko.

Le lendemain, flânant dans les faubourgs de l'est, un édifice rutilant d'enluminures, toits de tuiles vernissées, angles en croissant de lune, façade aux arabesques de faïence, coiffé de dragons horrifiques, de lions ricaneurs à prunelles de jade, de singes et de serpents, et d'où s'échappaient de martiales claironnades m'attira ; un yamen de riche lettré, selon l'apparence, une caserne d'après les rumeurs.

Contournant le mur de garde, je débouchai dans une cour où, à l'ombre de leurs haridelles, bivouaquaient deux escadrons ; les officiers dégustaient le thé dans une popotte voisine. Je me frottai les yeux croyant rêver : toute cette cavalerie, hommes et chefs en longue capote gris sombre, chaussés de bottes molles, le sabre à dragonne rouge et noir, arborait des képis à soufflet ceints de la bande blanche, et luisait d'ordres, de chiffres, de pattes et d'aiguillettes, telle en sa tenue d'ordonnance que nos yeux l'admirèrent sur les lithos de propagande aux beaux temps de l'alliance franco-russe.

Qu'était-ce là ? Une troupe de Kouropatkine purgeant sa dix-septième année de captivité ? Quelque garnison de Port-Arthur oubliée dans ce coin de la vieille ville ? Ne fallait-il plutôt y voir quelque débris de l'armée Koltchack ou des hordes de Semenoff ?

J'ai eu bien vite l'explication : cette soldatesque à la cosaque n'était faite que de Mandchous ; elle formait un parti du super-touchun Tchang-Tso-Ling et se préparait à marcher sur Pékin. Tchang-Tso-Ling, bouddha de la guerre, maréchal par sa propre grâce, dictateur ambitieux et gouverneur de la Mandchourie occidentale, ayant levé de force une armée de volontaires, n'avait rien trouvé de mieux, à court d'équipements, que de puiser dans les bagages abandonnés depuis 1905, et de vêtir ses partisans des défroques, hardes et armes, des anciennes divisions tzaristes. De réelles croix de Saint-Georges brillaient bien encore sur mainte vareuse, mais pour la circonstance elles se nommaient « Ordre du Dragon de Chine » ou « Médaille du Tigre ».

Pouvais-je quitter la péninsule sans un pèlerinage aux lieux historiques de la guerre et du siège ? En quelques heures, un train m'a mené à Dairen et à Port-Arthur.

Celle qui fut Dalny, en russe *la lointaine*, par rapport à ses fondateurs, gens de Moscou et de Pétrograd, et qu'on appelle aujourd'hui Dairen, c'est-à-dire, en japonais, « la Cité des grandes relations », est devenue un puissant port de commerce de 120.000 habitants, aux docks grandioses, en eau profonde, hérissée d'escadres et de flottes marchandes, de la classe de Shanghaï ou de Hongkong. Dominant la baie de la Boue bleue, la seule, libre de glace, qui ne gelât point en hiver, et que la flotte franco-anglaise, qui y mouilla en 1860, avait, en l'honneur de la Reine, baptisée la baie Victoria, elle a tourné vers des buts pacifiques son destin primitif de base guerrière.

Cité neuve, nette et claire, coupée de larges avenues macadamisées, sillonnée de trams, peuplée de palais d'État, de grands hôtels et de jardins, le premier entrepôt en céréales d'Asie, centre industriel où abondent raffineries, chantiers de constructions navales, verreries, cimenteries, filatures, papeteries, et surtout les grands ateliers à wagons et locomotives du Sud Mandchourien, d'une salubrité si constante qu'elle est devenue pour le Japon la station *climatérique* à la mode. Nice et Biarritz du Pacifique, elle se trouve géographiquement, terminus du *transsibérien*, la porte continentale de l'Extrême-Orient : par elle, quand l'ordre en Soviétie règnera, Tokyo se trouvera à quatorze jours de Paris.

En une heure et demie de pittoresque voyage en corniche, on passe de Dairen à Port-Arthur. A un mille des faubourgs, une petite maison de brique rouge, aujourd'hui école chinoise, se dresse, qu'une meule à l'abandon signale : c'est l'humble logis qui, aux trois derniers mois du siège, servait de quartier général à Nogi, et la meule est la table de pierre où Stoessel, en pleurant, signa sa reddition.

Des falaises déchiquetées par les tempêtes forment les avancées de la ville : lieux dérobés, meurtris d'obus, où cantonnaient les assiégeants. Redoutes et tranchées survivent. Voici, près de Ying-chang-Tze, le bras de mer d'où la flotte embusquée bombardait par delà le mont les glacis de la citadelle.

A gauche, un pic surgit, le Bodai, ou nid

de l'Aigle qui, le plus haut de la chaîne, ne fut pris que quinze minutes avant le message de capitulation : l'autre dernier quart d'heure de Nogi. Deux canons de 280 apparaissent encore enlizés sur sa crête, tels que les Russes les abandonnèrent. De ce côté béent, fracassés, les forts d'Erlinsghan (collines des deux Dragons) qui, gardant la Redoute de l'eau et la Colline des sapins, furent le théâtre épique de la charge de « l'Espoir perdu », menée par l'intrépide général baron Nakamura.

A droite, une hauteur dentelle l'horizon; taillée en forme de selle, et portant sur sa double cime une colonne commémorative : la fameuse cote 203, clef stratégique de Port-Arthur, dont la prise entraîna la chute de la forteresse. Un chiffre fera mesurer l'âpreté des combats qui s'y disputèrent : au cours de deux mois d'attaque, 10.000 soldats, fleurs de l'armée nipponne et samourais valeureux, tombèrent sur ses pentes. Deux stèles, dont l'une fondue dans le fer et l'acier des canons capturés évoque une cartouche géante, s'y érigent, dédiées à la mémoire des combattants; à l'ouest, la colonne des Russes dominant la vaste nécropole où sont enterrés 14.634 soldats du Tzar; à l'est, bâtie sur les assises d'un ancien phare d'observation, la Tour qui garde l'énorme caveau en forme d'urne où dorment les cendres des 22.783 soldats du Mikado, morts pour la grandeur de l'empire.

La plupart des forts, avec leurs contrescarpes, leurs redans et leurs caponnières, demeurent en l'état. Mais la ville, que les amiraux anglais de 1857 placèrent sous le patronage du prince Arthur, aujourd'hui duc de Connaught, désertée du commerce, agonise lentement. Quelques touristes seuls la visitent, ou, en pèlerinage, des familles du Yamato. Port-Arthur, terre d'héroïsme, ne sera bientôt qu'un nom de gloire au seuil d'un musée mort.

Chaque gare occupée militairement ; des patrouilles aux portes des villes ; les ponts gardés par des sentinelles, des bivouacs en pleins champs ; des convois d'artillerie descendant vers le sud, des trains militaires débordant de chevaux et d'hommes, garés sur les voies transversales ; de ci de là quelque état-major affairé ; trente-huit heures de voyage où il en faut normalement vingt ; aux barrières des stations, des centaines de paysans, anxieux, avec leurs coffres sur le dos, des groupes de fuyards que la panique marque ; du déjà vu sans doute, mais qui toujours émeut, tel est le spectacle qui s'offre entre Moukden et la capitale. Histoire classique de Chine, c'est l'armée du satrape Tchang-Tso-Ling qui, avec Pékin comme enjeu et en lui la caisse de l'Etat, s'en va livrer bataille à son frère ennemi le satrape Wu-Pei-Fou, aux frontières du Tchili. La guerre civile, ou pour parler plus franc, une campagne de piraterie commence.

Notre rapide avec huit heures de retard touche Tientsin. Sur le quai de droite, deux compagnies américaines de fusiliers-marins, hurlant « Hello ! Hello ! » à pleines gorges, viennent de débarquer, accueillies par une fanfare de l'Y. M. C. A. qui, à coups de claqsons, de pistons et de trombones, tonitrue le dernier shimmy de New-York. Sur le quai de gauche, une relève de Gourkhas, de jaune enturbannés, cède le pas à un bataillon de Sikks à barbes de prophètes. En retrait, sac au dos, casque de guerre en tête, fusil à la bretelle, une centaine d'Annamites, renfort mandé à la dernière heure, attendent d'être dirigés sur le quartier des Légations. Dans ce tohu-bohu international, un sergent de la coloniale, précis et volontaire, fait office de commissaire de gare. Images renouvelées de l'âge héroïque des Boxers !

Le train repart au petit bonheur. Interminables heures à travers les steppes poussiéreux où tournoient les Vents Jaunes. A l'horizon, tels des récifs sur une océan de toits gris, des pagodes se profilent.

Bouges, cloaques, arcs-de-triomphe ; des temples en ruines, des foules en loques. Cyclopéenne, trouée des portes monumentales, la Muraille. Une tour de Lamas à sept étages en clochetons se cabre sur le ciel bleu-turquoise comme un monstrueux champignon. Faïences, marbres, bois laqués. Nous sommes dans Pékin.

TABLE DES CHAPITRES

ACHEVÉ D'IMPRIMER
le trente juillet mil neuf cent vingt-trois
par
L'IMPRIMERIE ORLÉANAISE
A Orléans
pour
BERNARD GRASSET

www.ingramcontent.com/pod-product-compliance
Ingram Content Group UK Ltd.
Pitfield, Milton Keynes, MK11 3LW, UK
UKHW020550180726
13838UKWH00001B/156

9 782329 328232